一页 folio

始于一页，抵达世界

从
《共同纲领》
到
"八二宪法"

Creating a Constitution in China:
Progress since 1949

翟志勇 著

九州出版社
JIUZHOUPRESS

自序　宪法何以中国

布鲁斯·阿克曼在《我们人民：奠基》开篇便质问：

> 美国是世界强国，但它有能力理解自己吗？难道说，到了今天，它仍然满足于作为智识的殖民地，借用欧洲范畴来解密其国家身份的意涵吗？

阿克曼之问中的"美国"可以换成"中国"，"欧洲"可以换成"欧美"，不过，这很容易让人把"美国宪法例外论"轻而易举地转换成"中国宪法例外论"，并进而认为"中国自古以来就有宪法"。其实，阿克曼真正关心的不是"美国宪法例外论"，而是美国学者对美国宪法的"一种突出的非历史解释"："美国宪法故事中许多奇妙的部分完全被忽视了——因为它们会让那些来自欧洲的概念很尴尬，而这些概念的构造从来都没有考虑美国的经验。"[1]

阿克曼这一论断中的"美国"同样可以换成"中国"，"欧洲"同样可以换成"欧美"；不过，这一转换可能会受到更多的质疑。比起美国稳步演进的宪法史，中国几经更迭的宪法史，看似是一笔"失败的遗产"[2]。中国宪法史中很多独具"中国性"的部分，不仅令那些来自欧美的概念很尴尬，而且简直是无所适从。这也是宪法史研究在中国被冷落的重要原因之一。

人们是否可以抛开历史而理解现在？是否可以凭空制造出理想的宪制？所谓"失败的遗产"难道不是妄想凭空制造出"美丽新世界"的产物吗？抛开这笔"遗产"，人们是否有可能理解新中国宪制的本质以及构想未来宪制的可能方案？中国宪制的发展必然是一个连续的过程，看似截然的断裂，实则有内在的关联；未来中国的宪制更不可能抛弃与这笔"遗产"的历史联系，甚至可以说，只能从这笔"遗产"中生发出来。诚如萨维尼所言：

---

[1] ［美］布鲁斯·阿克曼：《我们人民：奠基》，汪庆华译，中国政法大学出版社2013年版，第2页。
[2] 参见严泉《失败的遗产：中华首届国会制宪》，广西师范大学出版社2007年。

> 法学的历史观点的本质毋宁在于对所有时代的价值和独立性的相同承认，它最为重视的是，应当认识到连接当前和过往的生机勃勃的相互联系，没有这个认识，对于当前的法状态，我们只会注意到其外在现象，而不能把握其内在本质。[1]

因此，重拾宪法史研究，并非要展示那些来自欧美的概念的"尴尬"，更非要抛弃这些概念以及概念背后的规范，而是要建立起这些概念的"中国历史与实践之维"，从而生发出基于中国历史实践的、经过反思的概念与规范内涵。更为重要的是，整个中国宪法史本身呈现为一个动态的演进过程，但尚未形成一种演进机制，因此，宪法史研究要通过描述演进过程，来探讨演进机制，最终实现人民的自我立宪。

我国社会主义宪法的重要传统之一是历史主义：宪法序言均以历史叙事起笔，从历史发展脉络中汲取合法性资源，将主权者的决断建立在对历史的理性认知上；宪法本身的更迭也标识着每部宪法的时间属性——《共同纲领》的临时性、

---

[1] ［德］萨维尼：《当代罗马法体系Ⅰ》，朱虎译，中国法制出版社 2010 年版，第 4 页。

"五四宪法"的过渡性以及"七五宪法""七八宪法"的阶段性,而"八二宪法"则以序言中"我国将长期处于社会主义初级阶段"标示着自己"遥遥有期"的时间属性。社会主义宪法的历史主义传统意味着,宪法都是阶段性产物,旨在完成阶段性的任务,实现阶段性的目标,但作为阶段性产物的宪法却又总是有一个普遍性的指向,指向某种完满恒定的状态。这种不断自我更新的内在要求,是社会主义宪法的生命力所在。

社会主义宪法的历史主义传统内在地要求历史法学的视野与方法,但迄今为止的法理学主要是以私法为基础建构起来的,历史法学也不例外。萨维尼及其开创的德国历史法学派,将浪漫主义的民族文化诉求融入私法概念规则体系的提炼中,在提出私法秩序的社会正义问题之时,也就是自我终结之时。《德国民法典》颁行之后,历史法学迅速衰落,让位于目的法学、利益法学以及法律解释学的日常作业。因此,历史法学在中国的时代使命,主要不是以民法典编纂为核心的私法秩序的建构,而是要从浪漫主义的民族文化诉求转向历史之为公器的普遍主义反思,从私法概念规则体系的提炼转向现代国家的法理建构。社会主义宪法的历史主义传统与历史法学的当代使命两相契合,内在地要求建立一种以公法为基础的法理学。

然而，公法的法理学要么容易被意识形态所捕获，要么容易被政治理论所裹挟。对于前者，并不是说公法学研究与意识形态无涉，恰恰相反，所有的公法学研究必然牵涉意识形态问题，区别主要在于是将意识形态教条化、标签化，还是对意识形态持一种开放的态度；对于后者，并不是说公法学研究不涉及政治理论，恰恰相反，优秀的公法学研究一定要有深厚的政治理论作为支撑。公法的法理学区别于公法的政治理论的地方在于，公法学研究不能脱离文本与规范而空泛地谈理论问题。因此，公法的法理学要求建立一种基于历史、文本与规范的公法理论。

本书辑集了作者2010年以来有关中国宪法史公开发表的诸篇文章，这些文章旨在探究一个困扰中国人一百多年的问题，那就是"宪法何以中国"：为什么自清末以来，中国需要现代宪法这么一个西方舶来的"劳什子"？即便没有现代意义上的宪法，中国不是也延续了几千年？中国到底需要什么样的宪法，以及宪法如何在中国落地生根？新中国宪法史一路磕磕绊绊，终于在以"八二宪法"为开端的改革宪法阶段稳固下来，但"八二宪法"是否仍有足够的空间容纳时代的大变革？既往的宪法史（的经验教训）是否足以让国人据此设计一套社会主义宪法演进的基本法？

遗憾的是，本书仅研究了 1949 年以来的宪法史，并且有部分研究未收录其中，因此只能算是整个宪法史研究的开篇。中国知识界之前不太注重 1949 年以来的宪法史研究，诸多基本的史实和制度都有待最基础的爬梳，但这一阶段的宪法史，却是对中国未来宪制发展最为重要的。本书只是将这些问题呈现出来，抛砖引玉，以期更多学人关注和讨论。

翟志勇

2020 年 10 月 8 日初稿

2020 年 12 月 29 日二稿

于小月河畔花虎沟

目 录

《共同纲领》与中国的不成文宪法（1949—1954）/1
 一 临时宪法？/2
 二 统一战线与政治协商的历史耦合 /6
 三 中国人民政治协商会议第一届全体会议的双重属性 /14
 四 三大文件 /19
 五 不成文宪法（1949—1954）/29

最高国务会议与"五四宪法" /41
 一 何为最高国务会议 /42
 二 宪法实践中的最高国务会议 /50
 三 "五四宪法"的二元政体结构 /63
 四 结语 /74

"八二宪法"的生成与结构 /77
 一 历史的叠加 /77
 二 统一战线：民主、革命与爱国 /83

三　领导与代表 /91
四　新的宪制设计 /101
五　多重复合结构 /105

监察委员会与"八二宪法"体制的重塑 /111
一　合署办公 /111
二　"八二宪法"体制 /115
三　监察委员会的宪制意义 /122
四　结语 /130

监察权的宪法性质与"八二宪法"的分权体系 /133
一　引言 /133
二　分权的理论基础 /137
三　分权的制度实践 /143
四　"八二宪法"中的分权 /149
五　监察权的双重属性 /155

宪法何以中国 /159
一　宪法中的"中国" /159
二　宪法序言中的革命叙事 /179
三　新的宪法观与世界主义 /198

《共同纲领》与中国的不成文宪法
（1949—1954）

1949年9月29日，中国人民政治协商会议第一届全体会议通过《中国人民政治协商会议共同纲领》（以下简称《共同纲领》）。《共同纲领》在序言中庄严宣告：

> 中国人民政治协商会议代表全国人民的意志，宣告中华人民共和国的成立，组织人民自己的中央政府。

正因为如此，《共同纲领》在当时被视为最重要的建国文件，"目前时期全国人民的大宪章"[1]，是1949年中华人民共和国成立的重要规范基础之一。

---

1 联合社编辑部编：《人民大宪章学习资料》，新潮书店1951年版，第64页。

中国宪法学界一直延续这种认知："《共同纲领》虽然本身不是正式的宪法，只是起临时宪法的作用，但它实际上是名称不叫宪法的宪法，是中国历史上首创的临时宪法。"[1] 也就是说，《共同纲领》虽然名称不叫《宪法》，但属于临时宪法或起临时宪法作用，这基本上是宪法学界的普遍共识。[2]

一　临时宪法？

然而，对这种普遍共识，宪法学界有不同的声音，比如陈端洪教授就质疑了宪法学界对《共同纲领》的这种普遍认知。他认为，所谓的"起临时宪法的作用"，首先意味着"它不是宪法"，所以才能起"临时宪法"的作用。在他看来，"当初产生制宪机构的双重的时间属性和程序性瑕疵注定了《共同纲领》只能是临时宪法"，但"起临时宪法的作用"与"是临时宪法"有着本质差别，因为前者否认《共同纲领》是宪法，所以才会说"起临时宪法的作用"。他进而认为，中国宪法学界之所以产生这样一种认知错误，"究其知识根源，此乃

---

[1] 许崇德：《中华人民共和国宪法史（上卷）》（第2版），福建人民出版社2005年版，第46页。

[2] 宪法学界通常将"起临时宪法的作用"等同于"临时宪法"，参见韩大元编著《1954年宪法与中国宪政》（第2版），武汉大学出版社2008年版，第36、44页。

对制宪权的无知使然"，[1]没有从制宪权的角度将政协第一届全体会议视为制宪会议。[2]

陈端洪教授文章的核心是阐发一种人民制宪权理论，其出发点是卢梭—西耶斯—施米特一脉相承的制宪权理论，[3]并以此理论前提来解释《共同纲领》和政治协商会议，发前人之未发，颇具理论冲击力，但也未免有削足适履之感。过度理论化的处理，失去了历史的本真，遮蔽了一些重要的历史细节和逻辑，因而也就无法更为完整且深入地理解《共同纲领》和政协第一届全体会议的本质。

1949年新政权的成立未必意味着制宪。比如美国，其建国和制宪显然是分开的两个过程。美国1776年宣告独立，1777年大陆会议通过《邦联条款》，1781年《邦联条款》正式生效，建立起松散的邦联。因《邦联条款》无法应对内忧外患，1787年在费城起草联邦宪法，1788年联邦宪法正式生效。从1776年宣告独立到1788年宪法正式生效，前后经

---

1 以上论述参见陈端洪《第三种形式的共和国的人民制宪权——论1949年〈共同纲领〉作为新中国建国宪法的正当性》，载《制宪权与根本法》，中国法制出版社2010年版，第184、195页。
2 中国宪法学界对制宪权理论并非全然无知，韩大元教授在2004年出版的《1954年宪法与新中国宪政》第二章就讨论了"宪法制定权"，在2008年第二版中将"宪法制定权"改为"制宪权"。参见韩大元编著《1954年宪法与新中国宪政》（第1版），湖南人民出版社2004年版，第21—42页；韩大元编著《1954年宪法与新中国宪政》（第2版），武汉大学出版社2008年版，第17—34页。
3 关于制宪权，除了参阅卢梭、西耶斯、施米特的著作外，简洁的综合性论述，可参见［日］芦部信喜《制宪权》，王贵松译，中国政法大学出版社2012年版，第3—57页。

历了十二年，建国与制宪显然是分开的两个过程。[1]

再比如法国，法国 1789 年大革命后仅发布了《人权与公民权利宣言》，直到 1791 年才制定第一部成文宪法，就政体变更而言，新政府的建立与制宪也是分离的："1789—1791 年之际，宪法尚未制定，人们有意无意地将该阶段排除在君主立宪制之外。一种政治制度经常以一部根本大法为依据，但是在某个特殊时段，例如在革命的岁月，可以见到先有自发的行动、急迫的命令和仓促的决议。宪法制定之前的此种安排，也是政治制度真实的组成部分，1789—1791 年法兰西就是如此。"[2]

主张人民制宪权的施米特也认为，从 1918 年 11 月革命成功到 1919 年 8 月魏玛宪法颁布，这段时间只是成立了临时政府而已，"每次发生革命，都必须建立这样一个政府，直至制宪权主体作出新的政治决断为止"。也就是说，**魏玛共和国的建立与魏玛宪法的制定也是分离的**。[3]

中国人民政治协商会议第一届全体会议的与会者，从来没有将"制宪"视为第一届全体会议的任务之一，恰恰相反，他们认为必须先成立中央人民政府，才能进一步召开人民代

---

[1] 关于这个过程的讨论，参见王希《原则与妥协：美国宪法的精神与实践》（第 3 版），北京大学出版社 2014 年版，第 44—117 页。
[2] 郭华榕：《法国政治制度史》，人民出版社 2015 年版，第 61 页。这段历史过程参见［法］乔治·杜比主编《法国史》，吕一民、沈坚、黄艳红等译，商务印书馆 2014 年版，第 813—821 页。
[3] ［德］卡尔·施米特：《宪法学说》，刘锋译，上海人民出版社 2005 年版，第 64 页。

表大会，制定宪法。事实上，直到1954年，中华人民共和国的第一部成文宪法才正式颁布。那么，我们究竟该如何理解中国人民政治协商会议第一届全体会议的性质？它无疑是统一战线的组织形式，但同时也是全国人民代表大会的临时代行机关，两者之间是什么关系？在新中国成立过程中各自发挥的是什么作用？更进一步，如何理解作为中华人民共和国成立基础之一的《共同纲领》的性质？如何理解《共同纲领》与当时同为"建国文件"的《政协组织法》和《政府组织法》之间的关系？"三大文件"在1949—1954年间各自发挥了什么作用？[1]

本文不准备深究制宪权理论问题，而是试图回到中国人民政治协商会议第一届全体会议的历史场景中，基于历史法学或者说法学历史主义的立场和方法，[2]通过对历史事件和文本的梳理，来揭示当时的与会者对会议本身及其所制定的文件的认知。至于是"起临时宪法的作用"还是就是"临时宪法"，在本文看来完全不重要，重要的是当时的与会者明知有"宪法"这么一种东西，为什么不直接制定宪法而是要制定两部组织法和《共同纲领》？以及我们如

---

[1] 当时的与会者通常将《中国人民政治协商会议组织法》（以下简称《政协组织法》）、《中国人民政治协商会议共同纲领》（以下简称《共同纲领》）、《中央人民政府组织法》（以下简称《政府组织法》）称为"三大宪章""建国宪章""建国文件"。本文沿用当时的讲法，视情况统称为"三大文件"。
[2] 关于法学历史主义的立场和方法，可参见［德］萨维尼《萨维尼法学方法论讲义与格林笔记》，杨代雄译，法律出版社2014年版，第17—21、71—73、99—104页。

何正确认识《共同纲领》和两部组织法在中华人民共和国政法史上的地位和意义？

二 统一战线与政治协商的历史耦合

中国人民政治协商会议被视为统一战线的组织形式，但需要特别注意，两者的结合是在1948—1949年间逐步生成的。政治协商和统一战线都有各自的历史传统，是1949年新中国成立这一特殊的历史事件将两者结合在一起，并一直延续至今。

1949年9月4日，林伯渠在《新政治协商会议筹备的情况及经过》的报告中指出：

> 在筹备会期间，我们主要地做了哪些工作呢？第一，全国的人民民主统一战线的组织已经慢慢地形成了……在新民主主义的中国，需要一个统一战线的组织形式，这就是中国人民政治协商会议。[1]

"慢慢地形成"意味两者的结合并非事前的设计，而是在筹备政治协商会议期间逐步被认知并结合在一起的，因此

---

[1] 林伯渠：《新政治协商会议筹备的情况及经过》，载政协全国委员会办公厅编《开国盛典——中华人民共和国诞生重要文献资料汇编》，中国文史出版社2009年版，第203—204页。

梳理这一历史过程，有助于我们理解中国人民政治协商会议的独特属性。

1939年，毛泽东在《〈共产党人〉发刊词》一文中写道：

> 十八年的经验，已使我们懂得：统一战线，武装斗争，党的建设，是中国共产党在中国革命中战胜敌人的三个法宝，三个主要的法宝。[1]

这是中国共产党对既往革命经验的总结，也是对未来工作的指导。在三大法宝之中，"统一战线"被放在了首位。在中国共产党的历史上，统一战线在不同的时期有不同的团结对象，但在1949年之前一直没有一个明确固定的组织形式，主要由城市工作部与统战对象直接联系。

政治协商会议机制是在1944—1946年间中国共产党、国民党及民主党派协商成立联合政府的过程中逐步形成的。根据邓野先生对旧政治协商会议的研究，"林伯渠1944年9月15日提出联合政府之际，同时提出召开一个党派会议，由这个党派会议来组建联合政府。因此，党派会议与联合政府是互为联系的"。国民党出于抵制联合政府的考虑，将"党派会议"更名为"政治咨询会议"，国共双方对此有不同意见。1945年7月，第三方民主党派提议更名为"政治会议"。

---

[1] 《毛泽东选集》第2卷，人民出版社1991年版，第606页。

9月10日，重庆谈判期间，张治中建议：

> 此次会议可称为政治协商会议，不必称为党派会议。[1]

从1944年9月提出召开一个"党派会议"，到1945年9月正式命名为"政治协商会议"，有一个逐步生成的历史过程，自此政治协商会议这一名称一直延续至今。

对于1944—1946年间的政治协商会议，以上简单的历史梳理可以得出三点认知：

第一，政治协商会议在本质上是党派协商会议，是党派之间在成立民主联合政府以及进一步制定宪法等问题上的意见协调机制；

第二，政治协商会议的直接目标是组建联合政府，结束国民党的一党训政；

第三，政治协商会议的根本任务是为召开国民代表大会和制定宪法做准备。

因此，这里有一条比较清晰的线索：召开政治协商会议—组建联合政府—召开国民代表大会—制定宪法。对1944—1946年间旧政治协商会议发展历史的认知，有助于我们理解1948—1949年间新政治协商会议的属性。

---

[1] 以上资料均援引自邓野《联合政府与一党训政》，社会科学文献出版社2011年版，第281—282页。参见秦立海《民主联合政府与政治协商会议——1944—1949年的中国政治》，人民出版社2008年版，第169—205页。

1948年4月30日，中共中央发布纪念"五一"劳动节口号，号召"各民主党派、各人民团体、各社会贤达迅速召开政治协商会议，讨论并实现召集人民代表大会，成立民主联合政府！"[1]

此时"政治协商会议"这一名称和机制，无疑源于1946年在重庆召开的政治协商会议，这是中国共产党和各民主党派共同的历史经历。在各民主党派回应中共中央的号召过程中，为了与1946年的政治协商会议区分开来，开始使用"新政治协商会议"这一名称或"新的政治协商会议"这一说法。但那时尚未将新政治协商会议视为统一战线的组织形式，而是将其视为旧传统的新延续。

1948年10月初，中共中央将中央城市工作部改组为中央统一战线部，并由统一战线部提出《关于召开新的政治协商会议诸问题》的文件草案。[2]

11月25日，中共中央与部分民主党派代表达成《关于召开新的政治协商会议诸问题的协议》，此时依然使用"新的政治协商会议"这一说法。[3]

---

[1]《中共中央发布纪念"五一"劳动节口号》，载政协全国委员会办公厅编《开国盛典——中华人民共和国诞生重要文献资料汇编》，第9页。

[2]《史实纪要》，载政协全国委员会办公厅编《开国盛典——中华人民共和国诞生重要文献资料汇编》，第111页。

[3] 中共中央由高岗、李富春作为代表与在哈尔滨的沈钧儒、谭平山、章伯钧等人几次协商后，于1948年11月25日达成了《关于召开新的政治协商会议诸问题的协议》，载政协全国委员会办公厅编《开国盛典——中华人民共和国诞生重要文献资料汇编》，第67—69页。

即使到了 1949 年 6 月 15 日，毛泽东在新政治协商会议筹备会第一次全体会议上的讲话中，依然使用"新的政治协商会议"这一说法。[1] 但在筹备会工作期间，随着对新政治协商会议的认知不断深化，到了政治协商会议召开前夕，筹备会开始抛弃"新的政治协商会议"这一说法。

除了前引林伯渠 1949 年 9 月 4 日发言之外，1949 年 9 月 7 日，中国人民政治协商会议第一届全体会议召开前，周恩来在向政治协商会议代表作的《关于人民政协的几个问题》的报告中，首先谈到了名称问题：

> 首先，应该说明政协这个名称有一个改变。原来叫做新政治协商会议，在第一次筹备会全体会议中也这样叫过。后来经过新政协组织法起草小组的讨论，觉得新政协和旧政协这两个名称的区别不够明确，便改成中国人民政治协商会议。[2]

从我们一般的认知来看，"新"与"旧"之间的差别其实已经很明确了，改名的真正原因是政治协商会议的基础发生

---

[1] 毛泽东：《在新政治协商会议筹备会第一次全体会议上的讲话》(1949 年 6 月 15 日)，载政协全国委员会办公厅编《开国盛典——中华人民共和国诞生重要文献资料汇编》，第 150 页。

[2] 周恩来：《关于人民政协的几个问题》，载政协全国委员会办公厅编《开国盛典——中华人民共和国诞生重要文献资料汇编》，第 206 页。

了变化。

周恩来在接下来的发言中再次指出：

> 政协是沿用了旧的政治协商会议的名称，但以它的组织和性质来说，所以能够发展成为今天这样的会，决不是发源于旧的政协。

那么，即将召开的新的政治协商会议的组织和性质如何呢？

> 肯定地说，这一组织便是中国共产党过去所主张的民族民主统一战线的形式。它绝对不同于旧的政治协商会议，旧的政治协商会议已经让国民党反动派破坏了。可是大家都熟悉这一组织形式，所以我们今天沿用了这个名称，而增加了新的内容。[1]

于是，9月17日，政治协商会议筹备会第二次全体会议正式决定，将"新政治协商会议"更名为"中国人民政治协商会议"。[2]

---

1 周恩来：《关于人民政协的几个问题》，载政协全国委员会办公厅编《开国盛典——中华人民共和国诞生重要文献资料汇编》，第209—210页。
2 《史实纪要》，载政协全国委员会办公厅编《开国盛典——中华人民共和国诞生重要文献资料汇编》，第233页。

这一更名过程也显示了新旧政协之间的联系与断裂，其中最核心的是政治协商会议成为统一战线的组织形式。[1]虽然有断裂，但联系也是很显然的，召开中国人民政治协商会议就是为了组建中央人民政府，以便为召开全国人民代表大会并制定宪法做准备。

1949年9月21日，毛泽东在政协第一届全体会议的开幕式上致开幕词时再次指出：

> 我们的会议之所以称为政治协商会议，是因为三年以前我们曾和蒋介石国民党一道开过一次政治协商会议。……现在的中国人民政治协商会议是在完全新的基础之上召开的，它具有代表全国人民的性质，它获得全国人民的信任和拥护。[2]

9月22日，谭平山在《关于草拟〈中国人民政治协商会议组织法〉的报告》中再次就更名问题做了说明："新政协是针对着旧政协而言，旧政协包括国民党反动派在内，是带有妥协性的；新政协是把国民党反动派除外，是革命性的。为了一新人民的耳目，故有改为'人民政治协商会议'

---

[1] 关于新旧政协之间的差别，当时的解释参见联合社编辑部编《人民大宪章的学习资料》，新潮书店1951年版，第23—31页。

[2] 毛泽东：《开幕词》，载政协全国委员会办公厅编《开国盛典——中华人民共和国诞生重要文献资料汇编》，第267页。

的必要。"[1]

如果说周恩来的发言指出了这种区别的基础即"统一战线",那么毛泽东和谭平山的发言则强调了这种区别的标志是"人民"。早在1948年,毛泽东就讲:

> 我们是人民民主专政,各级政府都要加上"人民"二字,各种政权机关都要加上"人民"二字,如法院叫人民法院,军队叫人民解放军,以示和蒋介石政权不同。[2]

因此,作为统一战线组织形式的政治协商会议,自然也要叫中国人民政治协商会议了。我之所以花费笔墨来考察政治协商会议名称的变化,是为了说明两个问题:

第一,政治协商会议传统与统一战线传统的相互结合具有一定的历史偶然性。统一战线是中国共产党在革命斗争中逐步形成的"三大法宝"之一,政治协商会议是源于1946年的党派协商机制,为了建立中华人民共和国,二者在1948—1949年间结合在一起,这是一个逐步认识、逐步生成的过程。

第二,这个过程一方面使中国共产党的统一战线获得了

---

[1] 谭平山:《关于草拟〈中国人民政治协商会议组织法〉的报告》,载政协全国委员会办公厅编《开国盛典——中华人民共和国诞生重要文献资料汇编》,第308页。
[2] 毛泽东:《建立人民民主专政的国家》,载全国人大常委会办公厅、中共中央文献研究室编《人民代表大会制度重要文献选编》,中国民主法制出版社、中央文献出版社2015年版,第5页。

固定的组织形式，虽先后经历人民民主统一战线、革命统一战线和爱国统一战线，但政治协商会议作为其组织形式始终未变，并且在宪法序言中得以确认；另一方面，统一战线重新界定了政治协商会议的组织基础和性质，政治协商会议依然是党派协商机构，但却是统一战线之下即中国共产党领导之下的党派协商机构，与1946年的政治协商会议有本质性的差别，明白这一点，才能真正理解政治协商会议的特殊属性及其功能。

因此，当中国人民政治协商会议第一届全体会议承担起建立中华人民共和国这一功能时，必须注意这两个传统在此过程中的逐步结合的历史过程和结果。

三　中国人民政治协商会议第一届全体会议的双重属性

首先必须说明，此处的讨论仅限于中国人民政治协商会议第一届全体会议，不包括第二届全体会议及其之后的历次全体会议，也不包括中国人民政治协商会议第一届全体会议全国委员会的历次会议。

强调"第一届全体会议"的原因在于，只有这次会议才具有所谓的双重属性。中国人民政治协商会议的根本属性是统一战线的组织形式，是一种党派协商机制，即便统一战线历经"人民民主统一战线""革命统一战线""爱国统一战线"三个阶段，但这一属性自1949年以来始终未变。由于特殊的历史机缘，中国人民政治协商会议第一届全体会议在1949年同时承担起建立中华人民共和国的任务，这一任务的核心即成立中央人民政府委员会，由此获得了第二种属性，即"执行全国人民代表大会的职权"，但这一属性是派生性的和临时性的。

对于第二种属性，我们需要进一步澄清，一方面要澄清一些传统的讲法，另一方面要具体分析所谓"执行全国人民代表大会的职权"意味着什么。

1949年9月7日，周恩来在《关于人民政协的几个问题》的报告中指出：

> 我们现在即将举行的中国人民政治协商会议第一届全体会议，便是执行全国人民代表大会的职权来通过中国人民政治协商会议的组织法、共同纲领和中华人民共和国中央人民政府组织法，并选举中央人民政府委员会。[1]

9月21日，毛泽东在政协第一届全体会议开幕式上致开幕词时也指出：

> 现在的中国人民政治协商会议是在完全新的基础之

---

[1] 周恩来：《关于人民政协的几个问题》，载政协全国委员会办公厅编《开国盛典——中华人民共和国诞生重要文献资料汇编》，第211页。

上召开的，它具有代表全国人民的性质，它获得全国人民的信任和拥护。因此，中国人民政治协商会议宣布自己执行全国人民代表大会的职权。中国人民政治协商会议在自己的议程中将要制定中国人民政治协商会议组织法，制定中华人民共和国中央人民政府组织法，制定中国人民政治协商会议的共同纲领，选举中国人民政治协商会议的全国委员会，选举中华人民共和国中央人民政府委员会。[1]

这两个讲话如果孤立地看，给读者的印象似乎是中国人民政治协商会议第一届全体会议完全代行全国人民代表大会职权，是以全国人民代表大会代行机关的身份通过"三大文件"，并选举中国人民政治协商会议全国委员会和中央人民政府委员会的，也就是说，似乎此时此刻中国人民政治协商会议第一届全体会议的第二属性完全取代了第一属性。但是这两个发言不能孤立地理解，必须将其置于整个会议筹备和召开之中具体地分析。

首先着眼于《中国人民政治协商会议组织法》中的规定。1949年9月27日通过的《中国人民政治协商会议组织法》第七条规定了政治协商会议的五项职权，其中第一、二、四、

---

[1] 毛泽东：《开幕词》，载政协全国委员会办公厅编《开国盛典——中华人民共和国诞生重要文献资料汇编》，第268页。

五是政协自身固有的职权，而第三项职权则是临时性的和派生性的。[1] 对于第七条规定，需要特别提醒，制定或修改《政协组织法》《共同纲领》以及选举政协全国委员会，与制定或修改《政府组织法》以及选举中央人民政府委员会是分开规定的。分开的道理很简单，前者是政协作为统一战线的组织形式的固有职权，后者是政协第一届全体会议临时执行全国人民代表大会的职权。也就是说，与会者非常清楚政协第一届全体会议的双重属性及其相对应的职权，由此也意味着《政协组织法》《共同纲领》与《政府组织法》之间有着性质上的差别，前两者是统一战线的组织法和纲领，后者是国家权力机关的组织法。换句话说，前两者旨在处理党派之间的政治关系并勾画未来的政治图景，后者旨在处理当下的国家机构的权力关系。

1949年9月22日，谭平山在《关于草拟〈中国人民政治协商会议组织法〉的报告》中谈到全体会议的职权时指出：

---

[1] "一、制定或修改中国人民政治协商会议组织法；二、制定或修改由参加中国人民政协的各民主党派及人民团体共同遵守的新民主主义的纲领即中国人民政治协商会议共同纲领；三、在普选的全国人民代表大会召开以前，执行全国人民代表大会的职权：甲、制定或修改中华人民共和国中央人民政府组织法；乙、选举中华人民共和国中央人民政府委员会，并付之以行使国家权力的职权；丙、就有关全国人民民主革命事业或国家建设事业的根本大计或重要措施，向中华人民共和国中央人民政府委员会提出决议案；四、在普选的全国人民代表大会召开以后，就有关国家建设事业的根本大计或重要措施，向全国人民代表大会或中央人民政府委员会提出建议案；五、选举中国人民政协全国委员会。" 参见《中国人民政治协商会议组织法》，载政协全国委员会办公厅编《开国盛典——中华人民共和国诞生重要文献资料汇编》，第504页。

其职权的大小，因全国人民代表大会已否召开而不同。在全国人民代表大会召开以前，执行全国人民代表大会的职权，不仅有立法权（制定或修改中央人民政府组织法）和选举权（选举中央人民政府委员会），并有提出决议权；在全国人民代表大会召开以后，则仅有建议权了。[1]

这一说明实质上指明，所谓政协第一届全体会议"执行全国人民代表大会的职权"仅限于"制定或修改中央人民政府组织法"，"选举中央人民政府委员会"以及"提出决议案"，因此并非"全权"而是"有限"代行全国人民代表大会的职权。

因此，结合《政协组织法》第七条和毛泽东、周恩来、谭平山的上述发言可以得出如下结论：

第一，周恩来和毛泽东的发言笼统地强调政协代行人大的职权，但并未因此抹杀政协自身的属性和职权，具体到某项职权时，需要具体分析；

第二，政协显然不适合以全国人民代表大会代行机关的身份为政协自身制定《政协组织法》和《共同纲领》，因为这两者属于政协作为统一战线组织形式的自我立法，属于党派之间的政治契约；

---

[1] 谭平山：《关于草拟〈中国人民政治协商会议组织法〉的报告》，载政协全国委员会办公厅编《开国盛典——中华人民共和国诞生重要文献资料汇编》，第309页。

第三，政协第一届全体会议作为统一战线的组织形式，选举产生了政协的全国委员会，作为全国人民代表大会的代行机关，选举产生了中央人民政府委员会，这两个选举是完全不同性质的选举。

陈端洪教授认为，"中华人民共和国政治协商会议第一届全体会议既是一个政治协商的机构，也是一个主权决策机构，集二者于一身"。[1] 但两种身份之间是什么关系？是如何具体运作的？事实上，"集二者于一身"并不意味着政治协商会议的两种身份及其发挥的功能是混同的，相反，这种双重身份或属性分别指向不同的角色和功能，由此决定《政协组织法》《共同纲领》《政府组织法》作为中华人民共和国成立的重要文件，仍需具体分析，不能一概而论。

四　三大文件

1949年9月27日，中国人民政治协商会议第一届全体会议通过《政协组织法》《政府组织法》，9月29日，通过《共同纲领》。

考察当时与会代表的发言，通常将三者称为重大或重要"文件"或"文献"。还有一种比较普遍的称呼是"大宪章"。

---

[1] 陈端洪：《第三种形式的共和国的人民制宪权——论1949年〈共同纲领〉作为新中国建国宪法的正当性》，载《制宪权与根本法》，中国法制出版社2010年版，第250页。

粗略统计，八十五位发言代表中至少二十位代表在发言中使用了"大宪章"一词。[1] 虽然不是很清楚当时使用"大宪章"这个词的具体含义，但至少有一点可以肯定，除了极个别的情况，与会者基本上没有使用"宪法"这个词。在新政治协商会议筹备过程中，1948年6月15日《中国致公党关于新政治协商会议的意义与任务的文告》中提到"新宪法须尽量让人民表达意见，但是可由专家先做起草工作"。[2] 但自此之后只有两处出现过"宪法"这个词，李维汉在1949年8月18日新政协筹备会各单位首席代表座谈关于参加新政协代表名单问题时，作了"政协代表名单协商经过情形"的发言，在讲到新政协任务重大时，指出"这次会议要执行全国人民代表大会职权，要制定宪法性的纲领与组织法"。[3] 9月23日，陈叔通在政协全体会议上发言指出，共同纲领"也可以说就是人民的临时宪法"。[4]

与会者显然知道什么是"宪法"，但为什么整个会议期间基本上不使用"宪法"这个概念呢？我认为一个重要的原因在于，与会者将此次会议视为"建国会议"而非"制宪会议"，

---

[1] 《各单位代表发言》，载政协全国委员会办公厅编《开国盛典——中华人民共和国诞生重要文献资料汇编》，第324—500页。

[2] 《中国致公党关于新政治协商会议的意义与任务的文告》，载政协全国委员会办公厅编《开国盛典——中华人民共和国诞生重要文献资料汇编》，第61页。

[3] 《史实纪要》，载政协全国委员会办公厅编《开国盛典——中华人民共和国诞生重要文献资料汇编》，第228页。

[4] 《全国工商界首席代表陈叔通在一届政协全体会议上的发言》，载政协全国委员会办公厅编《开国盛典——中华人民共和国诞生重要文献资料汇编》，第351页。

而建国又被等同于成立中央人民政府，制宪则要留给将来的全国人民代表大会。在有关召开新政协的讨论中，政协第一届全体会议的核心任务是成立民主联合政府或中央人民政府，制宪从来没有成为核心任务之一。正因为如此，有与会者称此次会议为"建国会议"，称三大文件为"建国方针""建国方案""建国文件"，由此亦可见与会代表对这次会议及其通过的文件的性质的认知。[1]

那么，该如何具体理解"三大文件"的性质及其关系呢？

首先需要再次强调，《政协组织法》和《共同纲领》对应着政协作为统一战线组织形式的属性，是政协的自我立法。政协之所以能够实现自我立法，则要追溯到1948年11月25日中国共产党与部分民主党派人士达成的《关于召开新的政治协商会议诸问题的协议》[2]，而《政府组织法》因为具有宪法属性，因此政协只能以全国人民代表大会临时代行机关的身份来制定。

其实，早在1948年11月25日《关于召开新的政治协商会议诸问题的协议》中，就已经作出了这种区分：

---

[1] 参见梅兰芳、郭沫若、黄琪翔、刘清扬在一届政协全体会议上的发言，载政协全国委员会办公厅编《开国盛典——中华人民共和国诞生重要文献资料汇编》，第390、410、473、499页。
[2] 参与政协协商的中共中央代表是高岗和李富春，民主党派代表有沈钧儒、谭平山、章伯钧、蔡廷锴、王绍鏊、朱学范、高崇民、李德全，参见《关于召开新的政治协商会议诸问题的协议》，载政协全国委员会办公厅编《开国盛典——中华人民共和国诞生重要文献资料汇编》，第67页。

> 新政协应讨论和实现的有两项重要问题：一为共同纲领问题，一为如何建立中华人民民主共和国临时中央政府问题。……关于如何建立临时中央政府即民主联合政府（即由新政协产生或由人民代表大会产生）问题及宪法草案问题，先行交换意见，留待筹备会讨论解决。[1]

由此可见，跟"宪法草案"相联系的是建立中央政府问题，最终的成果是《政府组织法》，共同纲领是与之不同的另外一个问题。

先说说《政协组织法》。

1949年的组织法概念与今天流行的组织法概念并不完全相同，这需要回到1949年的历史场景中，并以两部组织法的内容来具体理解两部组织法的性质。[2] 政协作为统一战线

---

[1]《关于召开新的政治协商会议诸问题的协议》，载政协全国委员会办公厅编《开国盛典——中华人民共和国诞生重要文献资料汇编》，第69页。

[2] 今天各种国家机构的组织法实际上是以宪法为依托的，是对宪法中所规定的国家机构的具体组织形态和运作程序的规定，如《国务院组织法》《全国人民代表大会组织法》《人民法院组织法》等，因此组织法是对宪法中部分规定的细化，通常称之为宪法性法律。陈端洪教授认为"全国政协第一届全体会议的立宪行为基本符合西耶斯所说的立宪内容，只不过在技术上将《中国人民政治协商会议组织法》《中华人民共和国中央人民政府组织法》独立成册，而把原则性、纲领性的内容简明扼要地归入一个文本——《中国人民政治协商会议共同纲领》而已"。陈教授认为三个文本的分开是"技术上"的，但他没有讲"技术上"的具体所指。在笔者看来，三个文本的分开根本不是"技术上"的，而是"原则性"的，三者在本质上是不可能合而为一。陈教授实际上是以我们今天所熟悉的组织法概念及其与宪法的关系，去回溯性地理解1949年的这两部组织法。（转下页注）

的组织形式，其任务是经由党派的团结和动员来实现人民的团结和动员。《政协组织法》在本质上是政协各参与单位的政治契约，根据《政协组织法》第四条的规定，政协实行少数服从多数的民主原则而非民主集中制原则，政协各参加单位"有申请退出中国人民政协的自由"（第四条）。因此，对于政协而言，其组织法实际上是一种团体"章程"。1954年，第一届全国人民代表大会召开并通过宪法之后，政协第二届全体会议便将政协组织法修改为政协章程。

再来看看《政府组织法》。

首先要说明的是，"中央人民政府"不是今天狭义上作为行政机构的政府，而是一个"军政合一"且"议行合一"的大政府，囊括了全部国家机构。根据《政府组织法》的规定，中央人民政府委员会"对外代表中华人民共和国，对内领导国家政权"，"中央人民政府委员会组织政务院，以为国家政务的最高执行机关；组织人民革命军事委员会，以为国家军事的最高统辖机关；组织最高人民法院及最高人民检察署，以为国家的最高审判机关及检察机关"。因此，1949年的《政府组织法》完全不是今天《国务院组织法》《全国人民代表大会组织法》意义上的组织法，而必须在"宪法"的

（接上页注）参见陈端洪《第三种形式的共和国的人民制宪权——论1949年〈共同纲领〉作为新中国建国宪法的正当性》，载《制宪权与根本法》，中国法制出版社2010年版，第187页。

意义上来理解。考察《政府组织法》的具体规定，除了没有"公民的基本权利和义务"，[1] 基本涵盖了宪法的常规内容，特别是有关国体和政体的内容。从实质内容上看，《政府组织法》更应该称为"建国宪法"，经由《政府组织法》建立了最高国家权力机关，即中央人民政府委员会。

必须要说明的是，两部组织法并非《共同纲领》的组织法，也不是以《共同纲领》作为制定基础的。

首先，从通过时间来看，两部组织法草案和《共同纲领》草案都是在9月22日正式向全体会议提交的，但两部组织法是9月27日通过的，而《共同纲领》是9月29日通过的，从通过的时间来看，两部《组织法》并非以《共同纲领》作为前提或母法。

其次，恰恰相反的是，《共同纲领》有赖于两部组织法的先行通过：两部组织法所建立的中国人民政治协商会议及中央人民政府委员会是《共同纲领》的前提。《共同纲领》的全称是《中国人民政治协商会议共同纲领》，只有先建立了中国人民政治协商会议，才能通过中国人民政治协商会议的共同纲领，也只有先建立中央人民政府委员会，才能在《共

---

[1] 《共同纲领》中对公民的基本权利作了一些原则性规定，如第一章总纲中第四条规定人民依法享有选举权和被选举权，第五条规定人民有思想、言论、集会、结社、通讯、人身、居住、迁徙、宗教信仰及示威游行的自由权，第六条规定了妇女在政治的、经济的、文化教育的、社会的生活各方面，均有与男子平等的权利。考虑到1949年全国尚未完全解放，《共同纲领》也只能暂时作这些原则性规定了。

同纲领》中为其设立义务。[1]

召开政治协商会议，制定《共同纲领》，对于当时的与会者是不言而喻的，没有人怀疑或解释为什么需要制定《共同纲领》，原因就在于《共同纲领》也是有历史传统的，而与会者共享着这个传统。

1946年旧政协的五大议题之一就是制定共同纲领：

> 和平建国纲领，又称施政纲领、共同纲领。这项议案所要解决的问题是，在宪法颁布之前的过渡时期，如何施政的问题，具有"准宪法"的性质。

当时的民盟代表张申府说："共同纲领正是所谓剧本，是要共同遵守的。过去就是政府爱怎么办就怎么办。由寡头一党变成各党共同，在过渡期间要有一个根本临时的法，必须有这样一个法，才能共同遵守。"[2]

因此，1949年制定的《共同纲领》延续了这样一个传统，从成立联合政府或中央人民政府到召开全国人民代表大会制定宪法之间的过渡时期，要有一个明确的大家共同遵守的纲领，这就是《共同纲领》。

《共同纲领》的名称在起草过程中几经变化，先称为《中

---

[1] 如《共同纲领》第二条规定："中华人民共和国中央人民政府必须负责将人民解放进行到底，解放中国全部领土，完成统一中国的事业。"
[2] 邓野：《联合政府与一党训政》，社会科学文献出版社2011年版，第317页。

国人民民主革命纲领》，后改为《新民主主义的共同纲领》，最后随着新政治协商会议更名为中国人民政治协商会议，名称最终确定为《中国人民政治协商会议共同纲领》。在《共同纲领》制定过程中，民主党派与中国共产党反复"讨价还价"，毛泽东对于《共同纲领》的名称和文本也是反复斟酌。对于1949年的《共同纲领》，有三点需要说明：

第一，它是政治协商会议的共同纲领，首先约束的是政协的各参加单位，在本质上仍然属于政治契约；[1]

第二，它是新民主主义即人民民主主义的纲领，是一个指向更高阶段即社会主义的过渡性的纲领，这意味着《共同纲领》将来必然会被宪法所取代，但《共同纲领》对将来宪法的制定和内容又作出了基本的约束；

第三，《共同纲领》是为了达成人民的宪法而由党派制定的"前宪法"，指向那个真正的人民制宪权的行使，也就是召开全国人民代表大会，制定宪法。

因此，《共同纲领》的临时性不是因为其程序上的瑕疵，而是其性质使然。

那么，《共同纲领》与宪法的差别究竟在哪里呢？1951年联合社编辑、新潮书店发行的《人民大宪章学习资料》对此作了专门解释，可以视为1949年政协参与者的基本共识：

---

[1] 周林刚：《宪法概念的变迁：从〈共同纲领〉到"五四宪法"》，《法制与社会发展》2013年第6期。

共同纲领和宪法有何不同？宪法是国家的根本大法，而纲领则是奋斗目标和步骤的规定。宪法是事实上已达到的种种成功底总结，并用立法手续固定起来的东西。反之，纲领则是说明现在尚不存在，而应在将来达到和争得的东西。宪法是说明现在，而纲领主要是说明将来。

既然《共同纲领》与宪法有如此的差别，那为什么又要称《共同纲领》为人民大宪章呢？

共同纲领中已把中国人民已争得的政治、经济、文化各方面的权利，国家的性质，政府的组织原则等都有明文加以规定，这就使共同纲领带有宪法性质，所以我们就称共同纲领为"目前时期全国人民的大宪章"。[1]

换句话说，《共同纲领》勾画出了未来宪法的基本原则、内容和制定方法，是未来制定宪法的"宪法"，因此称之为"大宪章"。

无可否认，在三个重要文献中，《共同纲领》更受关注。比如致公党首席代表陈其尤认为"这个纲领，是三个文件中最为重要的一个，可以说是我们大家反复讨论后才获得的共

---

[1] 联合社编辑部编：《人民大宪章的学习资料》，新潮书店1951年版，第64页。

同结论"。[1] 特邀代表陈瑾昆认为，"它的三个文件，是中国现阶段的大宪章，共同纲领，更是根本法中的根本法，它规定了国体、政体、人民权利义务以及现阶段的基本国策、政策，凡是应该做而且目前能够做的都写在上面，一定不折不扣的去实现！"[2]

日后宪法学界在有关1949年建国及宪法史的讨论中，通常也主要关注《共同纲领》，但《共同纲领》受关注与它在何种意义上构成建国宪法是两个完全不同的问题。《共同纲领》之所以受关注，主要是因为：

第一，《共同纲领》规定的是有待实现的东西，是1949年后各党派致力于完成的蓝图，对于各民主党派，这关系到他们未来的政治地位，因此自然更受关注；

第二，《共同纲领》指向了一个更高的目标，那就是普选建立的全国人民代表大会以及经由全国人民代表大会制定的宪法；

第三，更为重要的是，《共同纲领》代表了一种独特的协商建国传统，这种传统在1954年召开人民代表大会制定宪法后并未完全消失，而是一直蕴含在中华人民共和国的政法传统中，自然比起两个组织法更受关注。

---

[1] 《中国致公党首席代表陈其尤在一届政协全体会议上的发言》，载政协全国委员会办公厅编《开国盛典——中华人民共和国诞生重要文献资料汇编》，第393页。
[2] 《特别邀请代表陈瑾昆在一届政协全体会议上的发言》，载政协全国委员会办公厅编《开国盛典——中华人民共和国诞生重要文献资料汇编》，第393、394页。

因此，本文并不否认《共同纲领》在新中国宪法史上具有重要意义，而是要通过法学历史主义的阐发，在历史脉络中界定"三大文件"的性质及其关系，从而更为准确和深入地理解《共同纲领》的历史地位及其在今天的意义。

五 不成文宪法（1949—1954）

"三大文件"有原则性的差别，性质不同，功能有异，是无法在"技术上"放在一起的。《政协组织法》属于党派之间的政治契约，本质上是一种团体章程。《政府组织法》是国家权力的法权安排，属于成文宪法的核心内容。《共同纲领》属于党派之间面向未来的政治规划和政治承诺。仔细分析《共同纲领》的内容，会发现其实际上规定了未来中国的国体、政体、制宪机关以及宪法的基本内容。正因为如此，《共同纲领》的约束力不限于参与中国人民政治协商会议第一届全体会议的团体和个人，而是具有普遍约束力。《共同纲领》序言的最后写道：

> 凡参加人民政治协商会议的各单位、各级人民政府和全国人民均应共同遵守。

正是这种自我宣告的普遍约束力，使得《共同纲领》具有了宪法的属性，是一种名字不叫宪法的宪法。

但这里的问题是，为什么"非选举产生"的中国人民政治协商会议第一届全体会议能够制定"全国人民均应共同遵守"的《共同纲领》呢？对此有两种解释：

第一种解释认为由于存在非选举这个程序性瑕疵，《共同纲领》只能是临时宪法，有待将来补正，也就是选举产生第一届全国人民代表大会，制定正式的宪法。[1]

第二种解释并不认为制定《共同纲领》时存在程序性瑕疵，也不赞同《共同纲领》是临时宪法，因为"临时"总让人有一种不重要的感觉，先"临时"凑个数而已，真正的宪法制定后，临时宪法就彻底失去了意义。然而，《共同纲领》不但不是"临时"凑数而已，而且是中华人民共和国的"基本法"，并且也不存在程序性瑕疵。之所以称之为"基本法"，是因为《共同纲领》的正当性原理在于：

> 新政协的自我授权（未经选举即宣布代表人民），实质是为了自我否定（真正的权力属于不久的将来组织起来的人民的正式代表）；它占据正式人民代表本来应

---

[1] 陈端洪：《第三种形式的共和国的人民制宪权——论1949年〈共同纲领〉作为新中国建国宪法的正当性》，载《制宪权与根本法》，中国法制出版社2010年版，第248—254页。陈端洪教授之所以认为存在程序上的瑕疵，是因为他坚持认为宪法是人民制宪权行使的结果，中国人民政治协商会议第一届全体会议代表因为不是选举产生的，所以其行使的制宪权不是完全意义上的人民制宪权，所制定的不是真正意义上的宪法，只能是临时宪法。因此陈教授自己使自己陷入了人民制宪权困境，在坚持《共同纲领》就是宪法的同时，又不得不承认《共同纲领》的临时性，可一个临时性的宪法又如何能担负起建国重任呢？

该占据的位置（代行人大职权），目的是为了人民通过其正式代表亲自占据这个位置。如果给它一个更为简明的公式，那这个公式或许就是：生而不有。[1]

也就是说，中国人民政治协商会议第一届全体会议之所以可以制定《共同纲领》，并要求"各单位、各级人民政府和全国人民均应共同遵守"，是因为它们宣告只有中国人民才有权力通过全国人民代表大会制定真正的宪法，而中国人民政治协商会议并不享有这个权力，《共同纲领》是为了确保人民通过人民代表大会制定真正的宪法而制定的"宪法"，是宪法的"宪法"，因此可以称之为"基本法"，是对未来制宪的根本承诺。"它既表达了历史任务，却又是长久有效的。因为人民凭借自由选举的代表而自由出场，这既是在1949年设定的未来要达到的目标，也是未来宪法本身应当保持和持久运行的内容。也就是说，'基本法'自身已经构成了未来真正宪法的某些根本内容。"而这是"临时宪法"这个概念完全无法传达的含义。[2]

周林刚博士的"基本法"论断，主要是类比《德国基本法》

---

[1] 周林刚：《作为基本法的〈共同纲领〉——1949年"建国"的正当性原理及其宪法意义》，《华东政法大学学报》2018年第3期。
[2] 周林刚：《作为基本法的〈共同纲领〉——1949年"建国"的正当性原理及其宪法意义》，《华东政法大学学报》2018年第3期。

而来,[1]这个类比无疑具有很大的启发性,揭示了《共同纲领》在中华人民共和国宪法史上无可替代的地位和作用。但这也容易带来一种误导,因为《联邦德国基本法》是德国唯一的宪法,而《共同纲领》只是"三大文件"之一,容易让人误认为只有《共同纲领》才是宪法。因此,如果总体上看"三大文件",更适合从不成文宪法的角度进行理解和界定。

现代宪法有两个传统,一个是1215年英国《大宪章》所开启的不成文宪法传统,[2]一个是1787年美国宪法所开启的成文宪法传统。两者大体上也代表了宪法理论中作为契约的宪法和作为决断的宪法这两个理论脉络。[3]但就整个宪法史来

---

[1] 在德国,基本法是一个表述宪法的特殊概念。二战之后,西德在盟军的监护之下制定宪法,但制者认为"真正的制宪只能发生在主权的自决中,而不能发生在同盟国的监管下",因此以基本法来称呼宪法,期待德国获得统一和独立主权之后再制定真正的宪法。但由于基本法制定后实施得非常成功,两德统一之后,双方发现无需再制定宪法了,直接适用基本法即可,就一直延续至今。参见〔德〕克里斯托夫·默勒斯《德国基本法:历史与内容》,赵真译,中国法制出版社2014年版,第15页。

[2] 正是由于英国是不成文宪法,并没有一个明确的起源,一种观点将英国不成文宪法追溯到久远的"不可追忆时代",认为英国诞生之时就存在"古代宪法",但这只是后世之人的理论建构,是一套意识形态话语;一种观点追溯到1215年大宪章,将大宪章作为英国不成文宪法传统发展中的一个标志性的起源,虽然对于大宪章在英国不成文宪法传统中发挥的作用也不乏话语的建构,但比起"古代宪法"更具说服力。关于第一种观点的检讨,参见于明《"不可追忆时代"的用途与滥用》,《学术月刊》2019年第5期;关于大宪章在英国不成文宪法传统中的地位、作用以及话语建构,参见〔英〕詹姆斯·C.霍尔特《大宪章》,毕竞悦等译,北京大学出版社2010年版。

[3] 〔德〕卡尔·施米特:《宪法学说》,刘锋译,上海人民出版社2005年版,第51—83页。

看，成文宪法实际上是在不成文宪法的基础上发展出来的,[1] 没有英国不成文宪法几百年的积淀，就不可能有美国的成文宪法。[2] 不成文宪法主要是指没有成文的宪法典（一个名字叫"宪法"的体系性的文本），但有一些具有宪法性质但名字不叫"宪法"的重要规范性文件。比如在英国，一般认为1215年《大宪章》、1689年《权利法案》、1701年《王位继承法》、1911年《议会法》等构成英国的不成文宪法，所以不成文宪法严格来讲是"不成（宪法）典宪法"。此外，在成文宪法国家，在成文宪法典之外，也会存在一些所谓的不成文宪法规范，有时也称之为"看不见的宪法""活的宪法"，但这些不成文宪法规范不构成独立的规范体系，而是依附于成文宪法。[3]

其实基本法论述有时是可以纳入不成文宪法传统中的，一个典型的代表就是以色列。以色列由于独特的建国历程，一直没有制定出宪法典，属于英国之外典型的不成文宪法国家。[4] 但以色列建国后不久，就开始陆陆续续在"基本法"统

---

[1] David Jenkins, "From Unwritten to Written: Transformation in the British Common-Law Constitution," *Vanderbilt Journal of Transnational Law*, Vol.36, p. 863—960（2003）.

[2] 参见［美］戈登·S.伍德《美利坚共和国的缔造：1776—1787》，朱妍兰译，译林出版社2016年版，第243—284页。

[3] Akhil Reed Amar, *America's Unwritten Constitution*, Basic Books, 2012；［美］劳伦斯·却伯：《看不见的宪法》，田雷译，法律出版社2011年版；［美］戴维·斯特劳斯：《活的宪法》，毕洪海译，中国政法大学出版社2012年版。

[4] 关于以色列的建国与不成文宪法的形成，参见毕洪海《立宪民主的守护者》，［以色列］巴拉克《民主国家的法官》，毕洪海译，法律出版社2011年版，第3—13页。

一名称之下，制定了一系列宪法性文件，其中包括《基本法：国会》(1958)、《基本法：以色列国土地》(1960)、《基本法：国家总统》(1964)、《基本法：政府》(1968、1992、2001)、《基本法：国民经济》(1975)、《基本法：军队》(1976)、《基本法：耶路撒冷——以色列国首都》(1980)、《基本法：司法》(1984)、《基本法：国家审计长》(1988)、《基本法：人性尊严与自由》(1992)、《基本法：工作自由》(1994)，这一系列的基本法构成了以色列的不成文宪法[1]，并且是在为一部成文宪法的到来做准备。当然，中国1949—1954年的情况与以色列的截然不同，但以色列的情况有助于说明为什么中国1949—1954年属于不成文宪法时代。

1949年中国人民政治协商会议第一次全体会议通过"三大文件"，成立中华人民共和国，建立中央人民政府，规划了未来人民制宪的基本蓝图，共同构成了1949—1954年中国的不成文宪法。《政协组织法》是党派之间的政治合意，是中国人民政治协商会议的自我立法；《共同纲领》也是党派之间的政治合意，是面向未来的政治承诺。《政协组织法》

---

[1] 孙谦、韩大元主编：《世界各国宪法（亚洲卷）》，中国检察出版社2012年版，第757—772页。关于以色列宪法的总体讨论，参见 Suzie Navot, *The Constitution of Israel: A Contextual Analysis*, Hart Publishing, 2014.

和《共同纲领》在本质上是一种作为契约的宪法。[1]《政府组织法》是关于最高国家权力机构的法权安排，因此，《政府组织法》本质上是作为决断的宪法；又因中央人民政府委员会只是过渡性的安排，所以《政府组织法》是临时宪法。综上，1949—1954年中华人民共和国的宪法秩序，是建立在"三大文件"共同构筑的规范基础之上的，必须作为一个整体来理解，它们共同构成了中华人民共和国的不成文宪法。

1949年通过"三大文件"时，对于何时召开全国人民代表大会并制定宪法，并没有一个明确的时间表。按照当时的讲法，"三大文件"所构建起的中华人民共和国是一个新民主主义国家，是社会主义国家到来之前的过渡状态。斯大林曾于1949年7月、1950年初、1952年10月三次建议中国共产党尽快制定宪法，特别是1952年这次，因为当时政协第一届全体会议任期即将届满，面临着继续召开政协第二届全体会议还是召开全国人民代表大会的问题。斯大林建议尽快制定宪法，进行选举，将政权建立在人民选举的基础上，免

---

[1] 早在1945年毛泽东在《论联合政府》中讲到"我们的一般纲领"时就说，"为着动员和统一中国人民一切抗日力量，彻底消灭日本侵略者，并建立独立、自由、民主、统一和富强的新中国，中国人民，中国共产党和一切抗日的民主党派，迫切地需要一个相互同意的共同纲领。"（强调为笔者所加）参见毛泽东《论联合政府》，载《毛泽东选集》第3卷，人民出版社1991年版，第1055页。"相互同意"表明了《共同纲领》的契约性质，当然不是私法意义上相互交易的契约，而是公法意义上为实现共同的目标达成的政治契约。相关的讨论，可参见周林刚《宪法概念的变迁：从〈共同纲领〉到"五四宪法"》，《法制与社会发展》2013年第6期。

得给敌人以说辞。[1] 斯大林的建议在 1954 年宪法制定过程中起多大的作用不得而知，但可以确定的是，随着 1953 年过渡时期总路线的发布，社会主义改造即将完成，毛泽东开始考虑召开全国人民代表大会并制定宪法。

"五四宪法"在序言中宣告："这个宪法以一九四九年的中国人民政治协商会议共同纲领为基础，又是共同纲领的发展。"所谓以《共同纲领》为"基础"，主要是坚持了人民代表大会制度，所谓的"发展"，主要是放弃了《政府组织法》中的"议行合一"体制，"五四宪法"中的政体在形式上更接近议会制，但又创造性地设立国家主席制度，形成一个独特的二元体制。[2] 另外，还增加了"公民的基本权利和义务"，初步完成了从不成文宪法到成文宪法的转变。

1954 年宪法颁布之后，中国人民政治协商会议第二届全体会议召开，修改《政协组织法》为《中国人民政治协商会议章程》。在会议召开前夕，关于中国人民政治协商会议的性质和地位，有两种完全不同的主张：一种主张认为，既然全国人民代表大会已经召开，宪法已经制定，政治协商会议应该取消；一种主张认为，政治协商会议应该继续存在，并

---

[1] 韩大元编著：《1954 年宪法与中国宪政》（第 2 版），武汉大学出版社 2008 年版，第 50 页。
[2] 从宪法制度上看，"五四宪法"对《共同纲领》的发展主要体现在国家主席制度上，从而造成的结果是"五四宪法"的二元体制，即以国家主席主导的最高国务会议为核心的超常规体制和以全国人民代表大会为核心的常规体制。

且成为国家权力机关。中国共产党始终坚持政治协商会议继续存在，但"中国人民政治协商会议的性质是'团结全国各民族、各民主阶级、各民主党派、各人民团体、国外华侨和其他爱国民主人士的人民民主统一战线的组织'"[1]，不是国家权力机关。自此，"三大文件"所构成的不成文宪法完成了历史使命，正式转化为成文宪法。

之所以说"转化为"成文宪法，而非被成文宪法所取代，是因为《共同纲领》的精神和原则融入到了"五四宪法"中，其结果是，"五四宪法"及以后的历部宪法同时兼具规范性和纲领性，不仅将已经取得的成就确认下来，还提出了未来的目标。"五四宪法"在序言宣告：

> 这个宪法巩固了我国人民革命的成果和中华人民共和国建立以来政治上、经济上的新胜利，并且反映了国家在过渡时期的根本要求和广大人民建设社会主义社会的共同愿望。

因此，宪法不仅是一个静态的文本，而且是一个内生性的动态演变机制，是要不停地向前发展的，以实现自我承诺的目标。从这个意义上讲，"五四宪法"亦如《共同纲领》，

---

[1] 章伯钧：《关于〈中国人民政治协商会议章程〉（草案）的说明》，1954年12月21日在中国人民政治协商会议第二届全国委员会第一次会议上的报告。

也是面向未来的政治承诺。

我国社会主义宪法的重要传统之一就是历史主义：宪法序言均以历史叙事起笔，从历史发展脉络中汲取合法性资源，将主权者的决断建立在对历史的理性认知上；宪法本身的更迭也标识着每部宪法的时间属性——《共同纲领》具有临时性，"五四宪法"具有过渡性，"七五宪法""七八宪法"具有阶段性，"八二宪法"则以序言中"我国将长期处于社会主义初级阶段"标示着"遥遥有期"的时间属性。这意味着，社会主义宪法是阶段性产物，旨在完成阶段性的任务，实现阶段性的目标，但作为阶段性产物的宪法却又总是有一个普遍性的指向，指向某种最终完满的状态。这种不断自我更新的内在要求是社会主义宪法的生命力所在，其历史起点正是1949—1954年间的"三大文件"及其形成的不成文宪法传统。

"三大文件"虽然具有不同的属性和功能，但共同构成中华人民共和国成立的法权基础。然而，宪法学界传统上习惯性地忽略《政协组织法》《政府组织法》，而称《共同纲领》为"临时宪法"。之所以是"临时"，要么是因为制定程序上的"瑕疵"，也就是说，不是普选的全国人民代表大会制定的；要么是因为内容上的过渡性，即《共同纲领》最终必然要被正式的宪法所取代。因此，无论是程序上还是内容上，"临时"都带有过渡性或权宜之计的意味，但实际上"三大文件"作为中华人民共和国成立的规范基础，并非权宜之计，而是具有重要的规范内涵。"三大文件"不仅在实质上建立1949—

1954年间的国家权力机构，更为重要的是，其宣告了只有中国人民才有权力通过全国人民代表大会制定真正的宪法，不仅为1954年正式宪法的制定提供了规范前提，也为日后历部宪法的制定提供了规范前提，是宪法的"宪法"。从宪法学传统来看，"三大文件"更适合称为1949—1954年间中国的"不成文宪法"，从而成为中华人民共和国宪法传统的重要组成部分，而非临时性的或过渡性的措施。

原载《学术月刊》2019年9月第9期

最高国务会议与"五四宪法"

《共同纲领》中规定,未来中国的政治制度是人民代表大会制,"五四宪法"制定过程中,对于采取人民代表大会制没有任何争议,但国家主席问题却引发巨大争议,争论的核心是国家主席是否是国家元首;但制宪过程中对于国家主席的具体职权,特别是武装力量统率权和最高国务会议召集权,却少有争论。然而,正是这两项职权使国家主席成为事实上的国家元首。因统率武装力量通常只发生在战争时期,所以"最高国务会议"就成了国家主席在日常政治中掌控内政外交的制度性权力机制,是国家主席的枢机,在某种意义上成为事实上的最高国家权力机关,从而造成"五四宪法"独特的二元政体结构以及潜伏的宪法危机。

对于新中国宪制史上的这一重要制度,法学界只有零星的研究，史学界和政治学界的研究也是凤毛麟角。[1] 当然，研究的薄弱与资料的匮乏有很大关系，但随着《毛泽东年谱（1949—1976）》的出版，有关最高国务会议的基本信息被披露出来，虽然没有最高国务会议的会议记录，但仍可以结合宪法文本和政治实践来讨论最高国务会议的性质、功能及其在中国宪制史中的地位。

一 何为最高国务会议

"五四宪法"中只有一个条款涉及最高国务会议，第四十三条规定：

> 中华人民共和国主席在必要的时候召开最高国务会议，并担任最高国务会议主席。最高国务会议由中华人民共和国副主席、全国人民代表大会常务委员会委员长、国务院总理和其他有关人员参加。最高国务会议对于国家重大事务的意见，由中华人民共和国主席提交全国人

---

[1] 参见李林《最高国务会议组织结构及其功能探析》，《中共党史研究》2005 年第 1 期，第 62—69 页；杨建党《最高国务会议制度探略》，《云南行政学院学报》2006 年第 4 期，第 45—48 页；何正进、姜敏《我国最高国务会议制度废止的原因探析》，《决策与信息》2011 年第 11 期，第 16—17 页；周林刚《宪法概念的变迁：从〈共同纲领〉到"五四宪法"》，《法制与社会发展》2013 年第 6 期，第 47—49 页；周林刚《八二宪法与新宪法观的生成》，《华东政法大学学报》2012 年第 6 期，第 93—95 页；马岭《国家安全委员会与 50 年代最高国务会议之比较》，《云南大学学报（法学版）》2014 年第 1 期，第 2—8 页。

民代表大会、全国人民代表大会常务委员会、国务院或者其他有关部门讨论并作出决定。

但什么时候是"必要的时候",什么事项属于"国家重大事务",最高国务会议形成的"意见"具有什么性质,以及在规定全国人民代表大会是最高国家权力机关后,这个会议何以称之为"最高"?两个"最高"之间的关系如何?这些都还不清楚。

1954年3月23日,在宪法起草委员会第一次全体会议上,毛泽东简单地解释了他眼中的最高国务会议:

> 在必要的时候召开最高国务会议,议什么事没有讲,总之不能违反全国人民代表大会。"在必要的时候",也就是说很少开,有紧急的大事情才开会商量一下。[1]

根据这个解释,我们唯一确定的是在召开最高国务会议这个问题上,国家主席享有很大的自由决定权,什么时候召开、"其他有关人员"包括谁、议什么事情,由国家主席来决定。

田家英在宪法草案座谈会上,对最高国务会议也有个解释:

> 最高国务会议,在必要的时候才召开。最高国务会

---

[1] 许崇德:《中华人民共和国宪法史》,福建人民出版社2003年版,第191页。

议因有总理参加，讨论结果由总理带回国务院会议作出决定，因此这个会议是可以有结果的，有决定的，但不要国务院的硬性规定。[1]

田家英这个解释也是模棱两可，"可以有结果"，但又不要"硬性规定"，实际上涉及最高国务会议如何定位的问题。

在宪法草案油印打字的第一次修正稿中，关于最高国务会议性质，毛泽东有个批语：

> 主席有交议权，最高会议决议的性质。

所谓交议权，就是将最高国务会议形成的"意见"，提交全国人民代表大会、全国人民代表大会常务委员会、国务院或者其他有关部门讨论并作出决定。就此而言，最高国务会议是"议而不决"，只提建议不作决定。这或许是宪法制定时有关最高国务会议的规定并未引发争议的原因。

为什么最高国务会议"议而不决"？逻辑很简单，如果最高国务会议又议又决的话，必然会和人大、国务院发生职

---

[1] 韩大元编著：《1954年宪法与中国宪政》（第2版），武汉大学出版社2008年版，第86页。田家英在发表这个谈话时，宪法草案规定的最高国务会议法定参加人中尚不包括人大常委会委员长，因此田家英只提到总理。按照最初的这个草案，最高国务会议似乎是国家主席领导国务院工作的一种机制。后来草案中增加了人大常委会委员长，会议的性质变得更为复杂了。

权冲突，破坏整个宪法的权力结构。

此外，1954年3月18、19日的讨论稿上，在说明部分中就有关这一内容的条款提出两个修改方案：一个方案是"在必要时召集中华人民共和国副主席、国务院总理和其他有关人员举行最高国务会议"，另一方案是"在必要时召集有关人员举行最高国务会议"。毛泽东在前一个方案旁写了"较妥"二字。[1] 后来的草案中又将全国人民代表大会常务委员会委员长列为法定参加人，由原来偏重行政系统的会议变为统合"议"和"行"两个机关的会议。副主席、总理和委员长作为法定参加人，至少从会议成员上解释了，这个会议何以能够称之为"最高国务"。

由此看来，"议而不决"的最高国务会议似乎并不是一个权力机关，而是有关国家重大事务的咨议机构。如果如此的话，有没有其他替代的机制？如果不如此的话，设立这项会议制度的意图又何在呢？

要进一步认识最高国务会议，需要将其放到整个宪法结构中讨论。"五四宪法"规定全国人民代表大会为最高国家权力机关，国家主席被置于全国人民代表大会之下。国家主席由全国人民代表大会选举和罢免，但无需向全国人民代表大会负责和报告工作，这一点有别于国务院、最高人民法院

---

[1] 以上引文参见毛泽东《对中华人民共和国宪法草案的批语》，载《建国以来毛泽东文稿》第4册，中央文献出版社1990年版，第458页。

和最高人民检察院,后三者要向全国人民代表大会负责和报告工作,因此国家主席又具有一定的独立性。而召开最高国务会议是国家主席诸项职权中的最后一项。

"五四宪法"制定过程中,对于国家主席制度有很多争议,核心是国家主席是否是国家元首,实质是国家主席与全国人民代表大会以及国务院的关系问题。"五四宪法"草案初稿中虽然设立国家主席,但并没有明确规定国家主席是国家元首。在全国政协宪法草案座谈会上,这个问题被提出,因此修正的宪法草案增加规定:"中华人民共和国主席是国家的元首。"[1]

田家英对此有一段解释:

> 关于元首,前苏联和新民主国家有两种情况:一是国家最高权力机关的主席团或常委会来执行,斯大林称之为集体总统制;另一是单一元首制,但采取单一元首形式,不能是由个人决定的,而是由全国人民代表大会或常委会来决定的,捷克、德国都是。苏联是采用前一种制度,我们所以采用单一元首的形式,是照顾到建国以来的传统,毛主席说:有这样一个单一制的元首,可以成为两个机关的缓冲机关,把事情办得更好些。[2]

---

[1] 韩大元编著:《1954年宪法与中国宪政》(第2版),武汉大学出版社2008年版,第111页。
[2] 这里的"两个机关"指全国人大常委会和国务院。韩大元编著:《1954年宪法与中国宪政》(第2版),武汉大学出版社2008年版,第85—86页。

然而，在宪法草案提交宪法起草委员会讨论时，新的规定又引发新的争议。在1954年6月8日宪法起草委员会第六次全体会议上，李维汉认为，"我们国家的最高权力机关是全国人民代表大会，如果再写上元首，就会把我们国家的制度打了一个洞"；邓小平认为，"从体制上讲，有'中华人民共和国主席是国家的元首'这一条是好一些的。但有了这一条，伤害了整个宪法的精神，恐怕还是不写好"；钱端升认为，如果规定主席是国家元首，"就会同全国人民代表大会和国务院发生冲突了"；刘少奇最后总结说，"中共中央对于各种修改意见都考虑过，最后认为还是取消比较好"。[1]

在宪法草案最终稿提交全国人民代表大会讨论通过时，刘少奇在《关于中华人民共和国宪法草案的报告》中对此的解释是：

> 适应我国的实际情况，并根据中华人民共和国成立以来建设最高国家权力机关的经验，我们的国家元首职权由全国人民代表大会所选出的全国人民代表大会常务委员会和中华人民共和国主席结合起来行使。我们的国家元首是集体的国家元首。同时，不论常务委员

---

[1] 许崇德：《中华人民共和国宪法史》，福建人民出版社2003年版，第214—215页；韩大元编著：《1954年宪法与中国宪政》（第2版），武汉大学出版社2008年版，第198—200页。

会或中华人民共和国主席，都没有超越全国人民代表大会的权力。[1]

刘少奇所谓的"集体的国家元首"是不甚准确的，更多是一种政治修辞。国家主席是否是国家元首，除了宪法上是否明确规定外，还要看国家主席究竟享有哪些职权。如下面的探讨所指出的，这些职权中真正需要全国人民代表大会常务委员会和国家主席结合起来行使的其实很少，国家主席有一些独享的职权。根据"五四宪法"第二十七条、第四十至四十三条的规定，国家主席享有四类职权：第一，向全国人民代表大会提名国务院总理、国防委员会副主席和委员的人选，全国人民代表大会根据主席的提名作出决定；第二，依据全国人民代表大会或其常务委员会的决定，行使发布权、任免权、派遣和召回权、批准权等。从理论上讲，决定一旦作出，国家主席必须履行后续的职责，不能否定决议。关于这项职权，毛泽东的解释是："主席相当于小半个伏罗希洛夫，小半个就是不到半个。常务委员会对所有的事都要议，议好了交主席发布，不是小半个吗？"[2] 事实上，只有这项职权才

---

[1] 刘少奇：《关于中华人民共和国宪法草案的报告》，1954 年 9 月 15 日代表宪法起草委员会向第一届全国人民代表大会第一次会议作的报告。

[2] 伏罗希洛夫当时担任苏联最高苏维埃主席团主席。许崇德：《中华人民共和国宪法史》，福建人民出版社 2003 年版，第 191 页；韩大元编著：《1954 年宪法与中国宪政》（第 2 版），武汉大学出版社 2008 年版，第 171—172 页。

体现了刘少奇所谓的"集体的国家元首";第三,统率全国武装力量,担任国防委员会主席。这里需要特别注意,统帅全国武装力量的主体是国家主席,而非国防委员会,国防委员会只是一个统一战线性质的咨议机构;[1]第四,召开最高国务会议。

对于宪法设立国家主席的目的,毛泽东在宪法起草委员会第一次会议上有个解释:

> 我们中国是一个大国,叠床架屋地设个主席,目的是为着使国家更加安全。有议长,有总理,又有主席,就更安全些,不至于三个地方同时都出毛病。如果全国人民代表大会出了毛病,那毫无办法,只好等四年再说。设主席,在国务院与全国人大常务委员会之间有个缓冲作用。[2]

---

[1] 在"五四宪法"通过后的第八天,1954年9月28日中共中央政治局恢复设立中共中央军事委员会,担负整个军事工作的领导,毛泽东任主席,是全军统帅,彭德怀主持日常工作。军委决定的事项,凡需经国务院批准,或需用行政名义下达的,由国防部长(彭德怀时任部长)签署,国防部事实上成为中央军委对外的名义。而国防委员会则为"咨询机关性质"和"统一战线性质的组织"。与中共中央军事委员会相比,国防委员会中有党外人士,特别是原国民党高级将领参加。参见《毛泽东年谱(1949—1976)》第2卷,中央文献出版社2013年版,第288、289、292、300—302、304、315页。另参阅黄钟《宪法视角下的毛泽东与刘少奇》,《炎黄春秋》2013年第7期。
[2] 《毛泽东年谱(1949—1976)》第2卷,中央文献出版社2013年版,第229页。

"安全"涉及对外和对内，对外主要是台湾问题和中美对峙，因此主席要统率全国武装力量。考虑到制定"五四宪法"时的政治局势，特别是"高饶事件"，对内的安全问题主要是不同权力机关的关系和接班人问题。从上述国家主席四类职权来看，属于"叠床架屋"且能在国务院和全国人大常委会之间起"缓冲作用"的，正是最高国务会议，对于国家主席来讲，最高国务会议承担着内在的安全保障问题。问题是，"议而不决"的最高国务会议如何能够起到"缓冲作用"呢？国务院与全国人民代表大会常务委员会有明确的职权分工，为何又需要国家主席的"缓冲作用"呢？这些问题无法从宪法文本的简单规定和零星的制宪背景材料中寻找答案，只能通过考察宪法实践中最高国务会议的具体运作，进一步理解最高国务会议的性质和功能。

二 宪法实践中的最高国务会议

从 1954 年 10 月 10 日到 1964 年 12 月 30 日，最高国务会议共计召开二十一次。对于会议的次数，有不同说法，分歧在于第二十次和第二十一次会议是一次会议分两次召开还是两次独立的会议。李林认为，"据查阅当时的《人民日报》，对两次会议基本上是连续性报道，并且相隔时间极短，会议议题、参会人员变化也不大，所以应作一次会议为宜，故总次数计 20"。[1] 时间相隔短和连续性报道并不是很好的理由，比如第十次和第十一次会议也是连续开的，第十次是 1957 年 2 月 26 日，第十一次是 2 月 27 日至 3 月 1 日。至于会议主题，1964 年 12 月 18 日召开的第二十次最高国务会议是听取周恩来关于向三届人大一次会议提交政府工作报告的说明以及听取彭真关于会议议程的说明。12 月 30 日召开的第二十一次最高国务会议，会议主题是刘少奇就国际国内形势、社会主义教育运动和两种劳动制度、两种教育制度等问题作讲话，以及再次讨论周恩来在三届人大一次会议上所作的政府工作报告（此时报告已经作完），协商将在三届人大一次会议上提出的国家领导人候选人名单和即将在政协四届一次会议上提出的政协领导人候选人名单，两次会议议题还是有很大差别的。此外，当时的《人民日报》也是分两次独立报道的，没有任何言辞明示或暗示第二次会议是第一次会议的延续。[2]《刘少奇年谱》中也没有明示或暗示两次会议的连续性。[3] 在最高国务会议历史上，确实有一次会议间隔着开的，例如 1958 年第十四次会议，1 月 28 日毛泽东发表讲话，内容庞杂，总体而言涉及思想统一和工作方法，要求大家鼓足干劲，力争上游。1 月 30 日再次召开，听取各民主党派负责

---

1 李林：《最高国务会议组织结构及其功能探析》，《中共党史研究》2005 年第 1 期，第 62 页。
2 参见《人民日报》1964 年 12 月 19 日和 1965 年 1 月 1 日的相关报道。
3 参见《刘少奇年谱》下卷，中央文献出版社 1996 年版，第 610、612 页。

人和无党派民主人士共十九人就28号会议所作的发言。类似的情况同样出现在第五、第十五、第十八次会议上，会议内容具有明显的连续性。但第二十次和第二十一次会议显然不是这种情况，应该作为两次不同的会议来对待，也就是说，一共召开过二十一次最高国务会议。

在这二十一次最高国务会议中，毛泽东作为国家主席时召集十六次，刘少奇作为主席时召集五次。笔者没有找到最高国务会议的会议记录材料，仅根据《毛泽东年谱（1949—1976）》和《刘少奇年谱（1898—1969）》，并参阅《邓小平年谱（1904—1974）》，初步整理了历次最高国务会议召开的时间、议题、参与者和相关背景（见第53—57页的表格），完整地展现了最高国务会议在实践中的具体运作，有助于结合宪法文本更深入地理解最高国务会议的性质。

从会议召开的时间来看，并没有一定的规律性。宪法中只规定国家主席"在必要的时候召开最高国务会议"，什么时候"必要"完全取决于国家主席的判断，而且其他人也没有法定的召开会议的提议权。但总体而言，大多数最高国务会议在政协或人大会议召开前夕召开。就党的会议与最高国务会议召开的时间，一般是党的政治局会议或中央工作会议召开在前，最高国务会议召开在后，如第六、第七、第九、第十七、第二十、第二十一次。但也有党的会议紧接着在最高国务会议之后召开的，如第十三次。从《毛泽东年谱（1949—1976）》的记载看，在召开最高国务会议当天或前一天，毛

编号	时间	议题	参与者	备注
1	1954年10月10日	听取周恩来关于同苏联政府代表团会谈情况的报告	刘少奇、朱德、陈云等至少二十四人	11日会见苏联政府代表团并出席中国政府同苏联政府联合宣言、联合公报等文件的签字仪式
2	1954年12月19日	毛泽东发表关于政协的性质和任务的谈话[1]	刘少奇、周恩来等党内人士和各民主党派负责人、无党派民主人士共三十五人	12月21—25日政协二届一次会议召开,重新通过政协《章程》,毛泽东被推举为名誉主席,周恩来当选为主席
3	1955年5月12日	通过毛泽东提出的肃反工作方针:提高警惕,肃清一切特务分子;防止偏差,不要冤枉一个好人	周恩来、朱德、陈云等二十五人	当时正值处理"胡风反党集团"期间
4	1955年7月4日	研究一届人大二次会议主席团、秘书长名单及大会议程[2]	刘少奇、周恩来、朱德等党内外二十一人	7月5—30日一届人大二次会议召开
5	1955年10月19日、21日	讨论《农业生产合作社示范章程(试行草案)》和外交、肃反、资本主义工商业改造等问题	刘少奇、周恩来、朱德等党内外三十人	毛泽东21日晨听取彭真汇报19日最高国务会议后的一些情况反映,下午四时继续主持第五次最高国务会议

1 关于第二次最高国务会议,《毛泽东年谱(1949—1976)》上只记载当晚"邀请各民主党派负责人和无党派民主人士在中南海颐年堂座谈,发表关于政协的性质和任务的谈话"以及谈话的要点,但并未明确这是第二次最高国务会议,但《邓小平年谱(1904—1974)》中则明确记载当晚"出席毛泽东主持的最高国务会议第二次会议。毛泽东发表关于政协的性质和任务的谈话"。参见《毛泽东年谱(1949—1976)》第2卷,中央文献出版社2013年版,第324—326页;《邓小平年谱(1904—1974)》中卷,中央文献出版社2009年版,第1206页。

2 《毛泽东年谱(1949—1976)》只记载召开会议的时间和出席人员,未记载具体的议题,此处根据《邓小平年谱(1904—1974)》中卷,中央文献出版社2009年版,第1262页。

续表

编号	时间	议题	参加者	备注
6	1956年1月25日	讨论中共中央提出的《一九五六年到一九六七年全国农业发展纲要（草案）》，核心是农业的社会主义改造问题	刘少奇、周恩来、陈云等党内外三百多人	1月23日中共中央政治局讨论《纲要》，1月30日至2月8日二届政协二次会议召开
7	1956年5月2日	再次系统论述十大关系问题。同时谈到"百花齐放、百家争鸣"，正确评价斯大林、与民主党派关系等问题	党内外人士一百一十多人	4月25—29日中共中央政治局扩大会议召开，毛泽东发表《论十大关系》的讲话
8	1956年6月12日	讨论关于召开一届人大三次会议的有关问题	刘少奇、周恩来、陈云、董必武、邓小平等	6月15—30日一届人大三次会议召开
9	1956年11月1日	讨论并通过《中华人民共和国政府关于苏联政府宣言的声明》[1]	不详	下午政治局常委会讨论《声明（草稿）》
10	1957年2月26日	讨论人民内部矛盾敌我矛盾的处理问题	党内外人士三十七人	第二天召开扩大会议
11	1957年2月27日至3月1日（扩大会议）	毛泽东作《如何正确处理人民内部的矛盾》讲话并主持讨论	党内外各方面人士一千八百多人	3月5—20日二届政协三次会议召开

[1] 波兰事件和匈牙利事件发生后，中国建议苏联在和平共处五项原则的基础上处理同社会主义国家之间的关系，1965年10月30日苏联发表《苏联政府关于发展和进一步加强苏联同其他社会主义国家的友谊和合作的基础的宣言》，宣言采纳了中国的建议对苏联同其他社会主义国家之间关系上的错误作了自我批评。中国的《声明》是对苏联《宣言》的肯定和支持。参见《毛泽东年谱（1949—1976）》第3卷，中央文献出版社2013年版，第14—21页。

编号	时间	议题	参与者	备注
12	1957年4月30日	谈整风问题	党内外四十四人	5月1日《人民日报》发表《中国共产党中央委员会关于整风运动的指示》
13	1957年10月13日	通报中共八届三中全会讨论整风问题的情况和全国农业发展纲要的主要内容。	刘少奇、周恩来、朱德等党内外六十一人。	10月15日中共中央政治局通过《农业发展纲要》和《划分右派分子的标准》
14	1958年1月28日	毛泽东发表讲话，内容庞杂，总体而言涉及思想统一和工作方法，要求大家鼓足干劲，力争上游	至少包括各民主党派负责人和无党派民主人士十九人以及党内重要人员	2月1—11日一届人大五次会议召开。2月3日《人民日报》发表社论《鼓足干劲，力争上游！》。2月19日政治局印发《工作方法六十条》
	1958年1月30日	听取各民主党派负责人和无党派民主人士共十九人就28号会议作的发言		
15	1958年9月5日	毛泽东谈"大跃进"、整风和经济形势，谈台湾问题和国际军事形势	具体人数不详	当时正值炮击金门引发台海危机时期。9月4日发布《中华人民共和国关于领海的声明》[1]
	1958年9月6日	李富春就1958年农业生产"大跃进"、1959年国家建设计划和第二个五年计划等问题作报告；讨论并通过周恩来《关于台湾海峡地区局势的声明》		
	1958年9月8日	谈论台海局势、财政和商业工作、教育问题		

[1] 9月9日《人民日报》发表毛泽东亲自修改定稿的新闻稿，题为《毛主席在最高国务会议上论目前形势 美国侵略者把绞索套在自己脖子上》。

续表

编号	时间	议题	参与者	备注
16	1959年4月15日（扩大会议）	就二届人大一次会议、三届政协一次会议的议程和主席团成员交换意见，讨论国家机构领导人员候选人和政协全国委员会领导人候选人名单、涉西藏问题	党内外各界人士一百零六人	4月17—29日三届政协一次会议召开 4月18—28日二届人大一次会议召开
17	1959年8月24日（扩大会议）	听取并同意周恩来关于1959年上半年国民经济计划完成情况的报告，讨论1959年国民经济继续跃进的情况和进一步开展增产节约运动的问题。刘少奇通报1959年生产指标数字调低的情况和中共八届八中全会的有关情况	党内外各界人士八十二人	同日召开中共中央政治局会议，讨论通过了调整1959年国民经济计划的主要指标。毛泽东因在杭州未参加最高国务会议
18	1962年3月21日	讨论二届人大三次会议的开会方式。刘少奇通报1月11日至2月7日扩大的中共中央工作会议（七千人大会）的精神	党内外各界人士一百十八人	3月27日至4月16日二届人大三次会议。毛泽东在武汉未参加3月21日会议，但参加了4月9日会议并讲话
	1962年4月9日	就3月21日最高国务会议通报的内容听取意见		
19	1963年11月15日—16日	周恩来报告国内形势和今后任务，彭真报告二届人大四次会议开法和下届人大代表选举办法，刘少奇通报扩大反对现代修正主义的宣传规模和传达范围的措施	党内外各界人士一百五十五人	11月17日至12月3日二届人大四次会议召开。毛泽东当时在北京，但《年谱》未记载他参加最高国务会议

续表

编号	时间	议题	参与者	备注
20	1964年12月18日	听取周恩来关于向三届人大一次会议提交即将工作报告的说明，听取彭真关于会议议程的说明	党内外各界人士一百八十七人	1964年12月15日至1965年1月14日毛泽东主持召开中共中央工作会议，讨论农村社会主义教育运动
21	1964年12月30日	继续讨论周恩来在三届人大一次会议上所作的政府工作报告，就即将在三届人大首次会议上提出的国家领导人等候选人名单，和即将在政协四届首次会议上提出的政协领导人候选人名单问题，进行了协商；刘少奇就国际国内形势、社会主义教育运动和两种劳动制度、两种教育制度等问题作了讲话	党内外各界人士一百七十七人	1964年12月21日至1965年1月4日三届人大一次会议召开。未记载毛泽东参加最高国务会议

泽东有时会召集刘少奇、周恩来、邓小平等核心人员协商一下最高国务会议的召开事项，但大部分最高国务会议的召开事前并没有明确的时间和议程安排，与人大或政协的会议完全不同。最高国务会议的召开带有一定程度的随意性，有的会议甚至是晚上召开的，比如第一、第二、第三、第四、第八、第九次会议。从1954年到1964年断断续续召开了二十一次会议，毛泽东在五年间开了十六次，平均一年三次多，而刘少奇在五年间只开了五次，平均一年一次。但各个年份分布并不均匀，其中1956年、1957年是高峰，1960年、1961年则一次没召开过。历年最高国务会议召开次数简短统计如下：

年份	1954	1955	1956	1957	1958	1959	1960	1961	1962	1963	1964
次数	2	3	4	4	2	2	0	0	1	1	2

从参会人员来看，除了两次人数不详之外，基本上从二十多人到一千八百多人不等，除了第十一次一千八百多人之外，毛泽东召集开会时一般是三十至五十人，只有第七、第十六次一百多人，而刘少奇主持召开时，人数基本上稳定在一百多人。除了宪法明确规定的国家副主席、全国人民代表大会常务委员会委员长、国务院总理外，"其他有关人员"主要是党内其他高级干部以及各民主党派负责人和无党派民主人士。至于哪些人属于"其他有关人员"，由主席来确定。毛泽东任国家主席时，朱德任副主席，刘少奇任委员长，周

恩来任总理，他们三位是法定参加人。从历次开会的情况来看，经常参加会议的党内人士主要是陈云、彭真、邓小平、董必武、陈毅等，党外人士主要是宋庆龄、李济深、沈钧儒、郭沫若、黄炎培、张治中、傅作义、龙云、陈嘉庚、张奚若、程潜、马叙伦等。这样的人员构成，几乎囊括党内外各个方面的实权人物和知名人物，而这些人基本上都是党的权力系统、统一战线和政协组织、国家权力系统的负责人，参会人员的构成或许能够最好地解释"最高"两个字。最高国务会议的特殊性在于，它能够将不同的权力系统统合到一起，虽然这些组织和机构都有各自法定的会议和决策机制，但最高国务会议可以超越所有这些机制。虽然最高国务会议"议而不决"，但在当时的情况下，最高国务会议讨论的问题，几乎不可能在其他会议上通不过。从上述统计也可以看出，很多人大的、政协的议程、决议和人事安排都是先经最高国务会议的讨论。正是在这个意义上，这个"议而不决"的会议才能被称为"最高国务"。

这里需要补充说明一下，刘少奇主持召开的五次最高国务会议，毛泽东只参加了半次。毛泽东当时已经"退居二线"，不过仍然担任中共中央委员会主席，虽然不是法定最高国务会议参加人员，但显然是"其他有关人员"中最重要的人员。1957年5月5日在批阅陈叔通、黄炎培5月1日给刘少奇、周恩来关于不赞成毛泽东提议的第二届人大不再提名他继续担任国家主席职务的信时，毛泽东就写道："从一九五八年起让我暂时摆脱此任务，以便集中精力研究一些重要问题（例如在最高国务会议上，以中共主席或政治局委员资格，在必要时，我仍可以做主题报告）。"[1] 至少在当时，毛泽东已经给出了他卸任国家主席后参加最高国务会议的方式。1959年8月24日第十七次最高国务会议，毛泽东因在杭州未参加。1962年3月21日第十八次最高国务会议第一次会议，毛泽东因在武汉未参加，但参加了4月9日的第二次会议，毛泽东在会上再谈七千人会议精神。也正是在之前的七千人大会上，毛泽东和刘少奇之间的矛盾开始公开化。《毛泽东年谱（1949—1976）》中没有毛泽东参加第十九、第二十、第二十一次最高国务会议的记录，当时新华社和《人民日报》刊发的消息中也没有提到毛泽东参加会议，但查《毛泽东年谱（1949—1976）》，这三次会议召开时，毛泽东都在北京。合理的推断是，刘少奇作为最高国务会议召集人，应该会邀请中共中央委员会主席毛泽东参加最高国务会议，但毛泽东是否因为两人之间的矛盾或其他原则而拒绝参加最高国务会议，则不得而知。或许正是由于没有毛泽东的参与，最高国务会议的权威性和效力大打折扣，真正成了"议而不决"，所以刘少奇很少召开最高国务会议，在1959年主持召开一次最高国务会议后，1960年、1961年这两年一次也没

---

1 《毛泽东年谱（1949—1976）》第3卷，中央文献出版社2013年版，第142、147—148页。

有召开，而1962年恢复召开后，基本上都是为人大、政协会议做议程和人事上的准备，没有实质性的影响。

从会议议题来看，最高国务会议囊括了国家建设的各个主要方面，同一个议题可能会多次开会讨论，同一次会议也可能讨论多个议题，简单统计如下：

议题	涉及的会议编号	合计次数
外交与国防	1、5、9、15、19	5
经济建设	5、6、13、15、17、19	6
政治运动	3、5、13	3
思想意识形态	7、10、11、12、13、14、15、18、19、21	10
政协与人大会议	2、4、8、16、18、19、20、21	8

在这五大类议题中，外交和国防无疑是"最高国务"，其中主要涉及中苏、中美关系和台湾问题。第一次最高国务会议讨论的就是与苏联代表团的会谈问题，会议第二天毛泽东会见苏联政府代表团并出席中国政府同苏联政府联合宣言、联合公报等文件的签字仪式。[1]第九次会议则涉及当时苏联与社会主义阵营的关系问题，第十五次会议涉及台海危机和中美关系。在外交问题上，最高国务会议实际上是"又议

---

1 在这个签字仪式上，中苏共同签署两份联合宣言、四份联合公报、两份议定书，确立了建国初期中苏合作关系的基本框架。参见《毛泽东年谱（1949—1976）》第2卷，中央文献出版社2013年版，第296页。

又决"。经济建设,特别是农业发展和社会主义改造,是最高国务会议讨论的一个重要主题,共有六次会议涉及,人民公社、"大跃进"等问题也都曾专门讨论。经济建设,特别是农村合作化问题,也是争议极大的议题,诸多思想与人事上的冲突都源于在这些问题上的不同认识。

出乎意料的是,直接涉及政治运动的并不是很多,主要是1955年的肃反工作以及后来的反右。思想意识形态工作是最高国务会议最主要的议题,论十大关系、"百花齐放、百家争鸣"、正确处理人民内部矛盾、反右、整风等重大的思想运动都在最高国务会议上讨论过。最高国务会议不能在具体事项上作出决议,但可以在思想意识上作出决议。这些思想意识构成其他一切工作的精神原则,对于毛泽东而言,这是最根本也是最高的"立法"。

最后一项议题涉及为政协和人大开会做准备,特别是会议的议程和领导人的人选问题。在二十一次最高国务会议中,至少有十六次会议之后紧接着召开党的会议或政协会议或人大会议,在这些会议上都通过了重要的决议或人事安排。因此,确实如毛泽东在制定"五四宪法"时所说,最高国务会议只有"交议权",但由于最高国务会议特殊的人员构成和毛泽东个人的巨大威望,最高国务会议的"议"实质性地指引着其他会议的"决",不仅仅在具体事项上,更重要的是在精神原则上。正因为如此,在毛泽东担任国家主席时,最高国务会议是事实上的最高议事机构,而这项会议机制又是专属于作为国家主席的毛泽东个人,由此带来的是"五四宪法"内部紧张的二元政体结构问题。

三 "五四宪法"的二元政体结构

1949年中国人民政治协商会议第一届全体会议先后通过了《政协组织法》《政府组织法》和《共同纲领》,这三部宪法性法律共同构筑了新中国建立之初的宪法体制,本文称之为"1949年体制"。

在1949年体制下,虽然中国人民政治协商会议"在普选的全国人民代表大会召开以前,执行全国人民代表大会职权",[1] 但事实上仅限于"制定和修改中央人民政府组织法"、"选举中央人民政府委员会,并付之以行使国家权力的职权"。[2] 中央人民政府委员会一旦选举产生,就成为最高国家权力机关,对外代表中华人民共和国,对内领导国家政权。依据《政府组织法》,中央人民政府委员会不是单纯的行政机关,而是总揽立法、行政、司法、外交、军事等一切大权,是一个"军政合一"、"议行合一"的超级国家权力机关。

在这个超级国家权力机关中,中央人民政府委员会主席

---

1 《政协组织法》第七条、《政府组织法》第三条、《共同纲领》第十三条都作了类似的规定。
2 参见谭平山《关于草拟〈中国人民政治协商会议组织法〉的报告》,载《开国盛典:中华人民共和国诞生重要文献资料汇编》,中国文史出版社2009年版,第309页。

无疑具有最高权威，因为主席不仅主持中央人民政府委员会会议，并且"领导"委员会的工作（《政府组织法》第八条）。例如，政务院对中央人民政府委员会负责并报告工作，但在委员会休会期间（委员会会议两个月举行一次），对委员会主席负责并报告工作（《政府组织法》第十四条）。"领导"一词赋予主席特殊的权威和地位，这意味着主席虽然从属于中央人民政府委员会，但又具有相对的独立性。[1]在1949年体制下，毛泽东同时具有四个主席身份，即中共中央委员会主席、中央人民政府委员会主席、中央人民革命军事委员会主席、政协全国委员会主席，集党、政、军权于一身。虽然这三部宪法性法律都没有规定中央人民政府委员会主席是国家元首，[2]但"四位一体"的毛泽东主席无疑是新中国事实上的国家元首。

田家英在解释宪法草案修正稿中国家主席是国家元首问题时说："我们所以采用单一元首的形式，是照顾到建国以来的传统。"[3]这个传统指的正是1949年体制下的主席身份，

---

[1] 相关的论述，参见强世功《中国宪法中的不成文宪法——理解中国宪法的新视角》，《开放时代》2009年第12期，第25页；焦洪昌、马骁《国家主席制度流变考》，《中共浙江省委党校学报》2004年第2期，第116页。

[2] 董必武在第一届政协全体会议上所作的《〈中华人民共和国中央人民政府组织法〉的草拟经过及其基本内容》的报告中指出："本法草案规定的中央人民政府委员会的职权，各国宪法多规定为国家元首的职权。我们觉得本法草案的规定，更能充分表现民主的精神。"参见《开国盛典：中华人民共和国诞生重要文献资料汇编》，中国文史出版社2009年版，第313页。

[3] 韩大元编著：《1954年宪法与中国宪政》（第2版），武汉大学出版社2008年版，第85—86页。

这是制宪者，特别是毛泽东思考"五四宪法"中国家主席制度的基础，不理解这一点，就很难理解最高国务会议的本质。无论毛泽东本人还是其他人，都明白一个基本事实，未来的第一任国家主席非毛泽东莫属，因此对于毛泽东而言，设计国家主席本质上就是设计自己的宪法身份。

1949年体制是新中国在"政体"问题上的第一次实践，但鉴于当时的局势，1949年体制带有准战时体制的特殊性。"五四宪法"制定时，大陆上的战争和抗美援朝基本上都结束了，国民经济恢复工作也已经提前完成并进入过渡时期，一种日常政治时期的"政体"是制宪者的必然选择。与此同时，"五四宪法"的制定又并非"百年大计"，过渡时期总路线作为五四宪法的指导原则以及毛泽东所谓的"五四宪法"可以管"十五年"，都说明"五四宪法"是个过渡体制。[1]因此，当时的局势也必然会影响到毛泽东对"五四宪法"的设计。

早在1952年12月1日中共中央就下发通知，决定1953年2月5日召开党的全国代表大会，并拟于1953年9月召开第一届全国人民代表大会并颁行宪法。[2]后因围绕过渡时期总路线产生诸多思想纷争，如对刘少奇等人提出"确立新民主

---

1 参见殷啸虎《过渡时期理论与1954年宪法》，《政法论坛》2004年第6期，第38—44页。
2 韩大元编著：《1954年宪法与中国宪政》（第2版），武汉大学出版社2008年版，第52页。

主义社会秩序"的批评，[1] 对薄一波搞新税制的批评，以及涉及接班人等人事问题的"高饶事件"的发生，[2] 致使两个会议都不得不推迟召开。这段时间内发生的路线和人事上的斗争，必然是毛泽东起草宪法时思量的因素。常态与非常态、常规与非常规都是制宪者毛泽东要面对的。

"五四宪法"建立了以全国人民代表大会为核心的国家机构，全国人民代表大会是最高国家权力机关，但在全国大人之下又实行权力的分工，人大及其常委会负责立法，国务院负责行政，最高人民法院和检察院负责司法，从而建立起常规的政体结构。与1949年体制相比，这是一个相对分权的体制。国家主席内嵌在这一政体结构之中，就前述国家主席四类职权而言，前三类职权实际上参与到这个分工体制之中，是分工体制的一个环节，并不发生职权上的重叠或冲突。由于最高国务会议"议而不决"，理论上来讲最高国务会议不会破坏这个权力分工体系，是个"无害"的设计。

在国家主席的这四类职权中，如果取消最高国务会议召集权，会是什么结果呢？除了第二类虚职和第三类只有战时才会运用的武装力量统率权，国家主席在宪法体制上对内政

---

[1] 毛泽东：《批判离开总路线的右倾观点》，载《毛泽东选集》第5卷，人民出版社1977年版，第81—82页。"五四宪法"实际上在序言中将过渡时期总路线作为这部宪法的指导原则，这就可以解释为什么毛泽东说"五四宪法"可以管十五年，因为过渡时期总路线就是十到十五年或者更长一些时间。

[2] 参见薄一波《若干重大决策与事件的回顾》，中共党史出版社2008年版，第163—179、217—229页。

外交的影响则限于对总理、国防委员会副主席和委员人选的提名权，而根据"五四宪法"的规定，国务院向全国人大而非国家主席负责并报告工作，这有别于1949年体制，因为国家主席并没有罢免国务院总理的权力，人大和国务院都有一套法定的运行机制，国家主席在法理上和宪法上都无权干预。[1]因此，"议而不决"的最高国务会议的本质，是国家主席再次将权力集中起来处理内政外交的宪法机制，也是国家主席能够起到所谓"缓冲作用"的原因所在。"最高国务会议的设计与毛泽东的个人人格具有直接的联系。也就是说，最高国务会议的安排，很大程度上意味着对毛泽东个人角色的安排。"[2]

"议而不决"的最高国务会议能够发挥实质影响力取决于三个方面的因素：第一，超高规格的人员构成，为最高国务会议形成的"意见"的效力背书；第二，最高国务会议中形成的统一的思想意识具有超越具体事务的更高效力；第三，也是最重要的一点，毛泽东当时巨大的人格魅力和个人权威。这三个方面的因素使得最高国务会议内在于这个体制但又超

---

[1] 毛泽东在宪法起草委员会第一次会议上曾说："主席也不是政府，国务院不向他报告工作，打屁股打国务院总理，不打主席。"许崇德：《中华人民共和国宪法史》，福建人民出版社2003年版，第191页。但实践中周恩来向毛泽东汇报工作是家常便饭，这在毛泽东和周恩来的年谱中随处可见。

[2] 周林刚：《宪法概念的变迁：从〈共同纲领〉到"五四宪法"》，《法制与社会发展》2013年第6期，第48页；周林刚：《八二宪法与新宪法观的生成》，《华东政法大学学报》2012年第6期，第93—95页。

越这个体制，从而形成"五四宪法"独特的二元政体结构，即以人大、国务院等为核心的常规政体结构和以国家主席为核心的超常规政体结构。

如果借用韦伯的分类概念，这个二元政体结构可谓是卡里斯玛与官僚制的结合。[1] 纯粹意义上的卡里斯玛无需制度性的规范，而国家主席毕竟是宪法上的体制，姑且称之为制度性的卡里斯玛，属于纯粹类型的卡里斯玛的变体。在1954年体制下，毛泽东身兼中共中央委员会主席、中共中央军事委员会主席、国家主席、国防委员会主席、政协全国委员会名誉主席（周恩来任主席），与1949年体制相比，毛泽东的主席身份不但没有减少，而且发生了实质性变化。在1949年体制下，毛泽东的所有主席身份都是委员会制下的主席身份，属于集体领导体制，理论上受制于民主集中制。但在1954年体制下，国家主席不再是委员会制，特别是武装力量统率权和最高国务会议召集权是专属于主席个人的。凭借最高国务会议，国家主席的身份能够将其他的主席身份合而为一，而主席身份的合而为一，也就意味着每个身份背后的权力体系的合而为一，"军政合一"且"议行合一"的1949年

---

[1] 在韦伯看来，官僚制支配结构是基于合理制定的规则体系，家父长制支配结构建立在传统的神圣性上，而卡里斯玛的支配结构基于具体个人的权威，既不依赖理性规则，又不依赖传统。当然，这三种都是纯粹的类型，真实历史中的支配形态，乃是这些纯粹类型的混合或变形。参见［德］马克斯·韦伯《支配社会学》，康乐、简惠美译，广西师范大学出版社2004年版，第19—20页。

体制再次隐约浮现出来。

　　从上述的统计可以看出，每次最高国务会议基本上都会召集党、政协、人大、国务院、军队的主要负责人参加，从而使得最高国务会议实际上是党的会议、政协的会议、人大常委会会议、国务院会议等会议机制的大融合，并且相互为最高国务会议形成的"意见"背书，分散的国家权力再次集中起来。通过这样一种特殊的会议机制，其他的权力机关事实上隶属于最高国务会议，从而最高国务会议不仅超越常规国家权力机构，而且也超越党的权力机构。也就是说，最高国务会议是一种统合一切权力的会议机制，而它之所以能够发挥如此巨大的实际影响力，又是以毛泽东超越体制之外的卡里斯玛人格和权威做担保的。毛泽东作为卡里斯玛担当者处在宪法之中，但又超乎宪法之外，这是毛泽东设计的国家主席制度的奥妙所在，而枢机正是最高国务会议。诚如韦伯所言："卡里斯玛的担当者享有恭顺与权威，是基于一种被相信要由他自身来体现的使命；此种使命并非必然也并非总是具有革命性格，但至少在其作为卡里斯玛的形式下，是带有翻转一切价值序列、倾覆习俗、法律与传统的革命性格。"[1]

　　上述有关最高国务会议的统计资料展现了二元政体结构

---

[1] ［德］马克斯·韦伯：《支配社会学》，康乐、简惠美译，广西师范大学出版社2004年版，第274页。

的实际运作，毛泽东通过最高国务会议为内政外交确定指导原则和基本安排，其他的权力分支负责具体的落实。这个设计在一定意义上预设了，其他权力分支的负责人在他所负责的领域内，是次一级的卡里斯玛担当者，不然无法保证最高国务会议的"意见"在其他权力分支中必然变为"决议"。这一二元政体结构确保了毛泽东集党政军大权于一身并超脱于体制之外，但是人大和国务院毕竟是宪法规定的国家权力机构，各自有独立的职责权限、组织机构和运行体制，因此卡里斯玛与官僚体制的冲突在所难免。

"五四宪法"实施不久，毛泽东就开始对这个体制的运作表示出不满并有所行动。1958年因为反冒进问题，周恩来和国务院屡遭毛泽东批评，6月8日毛泽东在审阅《中共中央决定成立财经、政法、外事、科学、文教各小组的通知稿》时，加写了职权划分：

> 这些小组是党中央的，直隶中央政治局和书记处，向它们直接做报告。大政方针在政治局，具体部署在书记处。只有一个"政治设计院"，没有两个"政治设计院"。大政方针和具体部署，都是一元化，党政不分。具体执行和细节决策属政府机构及其党组。对大政方针和具体部署，政府机构及其党组有建议之权，但决定权在党中央。[1]

---

[1] 《毛泽东年谱（1949—1976）》第3卷，中央文献出版社2013年版，第368页。

在第二天召开的中央政治局常委会议上，彭德怀直接提出不再担任国防部长，周恩来则委婉地提出继续担任国务院总理是否适当。当然，会议最终没有同意他们的请辞，但国务院在一定程度上被架空则是事实。

1958年8月24日，毛泽东在北戴河主持召开中共中央政治局常委和各协作区主任会议。毛泽东在讲话中指出：

> 公安、法院也在整风，法律这个东西没有也不行，但我们有我们这一套，还是马青天那一套好，调查研究，就地解决问题。

> 不能靠法律治多数人。民法、刑法那么多条谁记得了。宪法是我参加制定的，我也记不得。我们的各种规章制度，大多数，百分之九十是司局搞的，我们基本上不靠那些，主要靠决议，开会，一年搞四次，不靠民法、刑法来维持秩序。人民代表大会、国务院开会有他们那一套，我们还是靠我们那一套。[1]

这段讲话或许可以给二元政体结构的实际运作做一个注脚。国家主席的设计原本是为了在人大和国务院之间起"缓冲作用"，现在站到了对立面。在常规政体结构的"那一套"

---

[1] 许崇德：《中华人民共和国宪法史》，福建人民出版社2003年版，第419页；《毛泽东年谱（1949—1976）》第3卷，中央文献出版社2013年版，第421页。

之外，毛泽东自有他的"那一套"。虽然最高国务会议在宪法上为毛泽东的"那一套"提供了机制，但似乎毛泽东对这种机制并不满意。

从1956年夏北戴河会议起，毛泽东就开始流露出辞去国家主席的想法。1957年4月30日，在第十二次最高国务会议上，毛泽东说："明年二届人大，一定辞去国家主席，减少一部分工作，以便集中精力研究一些问题。"5月5日，在批阅陈叔通、黄炎培5月1日给刘少奇、周恩来的关于不赞成毛泽东提议的第二届人大不再提名他继续担任国家主席职务的信时，详细阐明如何向外界传达他坚持请辞的理由。[1]1958年2月19日，中共中央政治局印发《工作方法六十条（草案）》，其中第六十条说："今年九月以前，要酝酿一下我不作中华人民共和国主席的问题。"[2]12月10日，八届六中全会通过《同意毛泽东同志提出的关于他不作下届中华人民共和国主席候选人的建议的决定》：

> 中央全会认为，这完全是一个积极的建议。因为毛泽东同志不担任国家主席的职务，专做党中央的主席，可以使他更能够集中精力处理党和国家的方针、政策、

---

[1]《毛泽东年谱（1949—1976）》第3卷，中央文献出版社2013年版，第142、147—148页。毛泽东请辞国家主席的真实想法不得而知，一般认为毛泽东为国家主席在外交礼节上的迎来送往所累，想要摆脱这些形式上的工作。从毛泽东卸任国家主席前后的实际工作来看，减少的工作确实也就是这些礼节上的工作。

[2]《毛泽东年谱（1949—1976）》第3卷，中央文献出版社2013年版，第293页。

路线的问题，也有可能使他腾出较多的时间，从事马克思列宁主义的理论工作，而并不妨碍他对于国家工作继续发挥领导作用。……毛泽东同志是全国各族人民衷心爱戴的久经考验的领袖，在他不再担任国家主席的职务以后，他仍然是全国各族人民的领袖。[1]

这个《决定》是毛泽东最终修改定稿的，很显然，毛泽东想辞去国家主席这个职务，但领袖的地位是不变的事实。这就带来一个更大的宪法问题。

1959年，毛泽东卸任国家主席并选举刘少奇担任国家主席后，这个曾经为毛泽东量身定制的二元政体结构发生了宪法危机。毛泽东作为事实上的权威从宪法体制中抽身而出，而没有足够的个人权威的刘少奇却坐上了制度化的卡里斯玛之位，于是，事实上的与制度上的卡里斯玛的冲突在所难免。严格按照宪法的规定，刘少奇作为国家主席，有权统率全国武装力量，召开最高国务会议。但是，毛泽东虽然"退居二线"，仍担任着中共中央委员会主席和中共中央军事委员会主席，手握党权和军权，从而形成了"两个司令部"。原本宪法内部的二元体制，现在外化为毛泽东个人与整个官僚体制之间的二元关系。随着毛泽东和刘少奇关系的恶化，潜在的宪法危机爆发了。

---

[1]《毛泽东年谱（1949—1976）》第3卷，中央文献出版社2013年版，第549页；《建国以来毛泽东文稿》第7册，中央文献出版社1992年版，第634页。

毛泽东显然意识到了这个宪法危机，并以一场直接诉诸"人民"的政治运动来化解。从 1962 年，毛泽东与刘少奇矛盾逐步公开化，刘少奇已经不再召开最高国务会议，而在这之前刘少奇主持召开的五次最高国务会议中，毛泽东只参加过半次。1966 年刘少奇被打倒，国家主席职位名存实亡，刘少奇去世后又长期空缺，最高国务会议没有了法定的召集人，在事实上已经被废止。1964 年三届人大一次会议召开后，全国人民代表大会就不再召开，最高国家权力机关停摆十一年，直到 1975 年毛泽东为了修改宪法废除国家主席才再次召开。在这段时间内，毛泽东一直以中共中央委员会主席和中央军事委员会主席身份领导着中国的内政和外交。

四 结语

1969 年刘少奇去世后，为了从根本上消除二元政体结构带来的宪法危机，毛泽东在 1970 年 3 月 8 日提出召开第四届全国人民代表大会并修改宪法，核心是废除国家主席，为此又引发毛泽东与陈伯达、林彪在国家主席存废问题上的激烈冲突，间接触发了日后的林彪事件。[1] 这可以说是"五四宪法"二元政体结构带来的宪法危机的继续。

"七五宪法"废除了国家主席，自然也就废除了最高国

---

1 许崇德：《中华人民共和国宪法史》，福建人民出版社 2003 年版，第 449—456 页。

务会议，原本属于国家主席提名国务院总理等人选的权力由中共中央委员会行使（毛泽东时任委员会主席），发布权等由人大常委会委员长行使，武装力量统率权由中共中央军事委员会主席即毛泽东行使。事实上，四届人大也只在1975年修改宪法时开过一次会议，之后再也没有召开过。"七五宪法"的颁行，彻底终结了"五四宪法"的二元体制，完全将国家体制吸纳到党的体制，进而吸纳到毛泽东个人身上。

但"七五宪法"体制很快就崩溃了，到"八二宪法"制定时，国家主席再次成为争议的焦点。"八二宪法"回避了国家主席是否是国家元首这个问题，并且将国家主席虚化，实行党政军分权体制。1993年邓小平卸任军委主席后，宪法实践中逐步发展出党的总书记、国家主席、中央军委主席"三位一体"的宪法惯例。[1]

最高国务会议和"五四宪法"的二元政体结构，不仅涉及革命领袖毛泽东个人的宪法安排，还涉及更为根本的宪制问题——国家元首问题，而这个问题牵涉着一般意义上的政体类型学问题。毛泽东带领宪法起草小组在杭州草拟宪法草案初稿时，曾特意致电刘少奇，让政治局委员和在京中央委员阅读下列宪法资料：苏联和其他社会主义国家宪法；中国的天坛宪法草案、曹锟宪法、1946年宪法，这三部宪法分别

---

[1] 强世功：《中国宪法中的不成文宪法——理解中国宪法的新视角》，《开放时代》2009年第12期，第25—28页。

代表内阁制、联省自治、总统独裁制三种类型；法国 1946 年宪法，代表资产阶级内阁制宪法。在宪法草案讨论过程中，毛泽东也特别在政体类型学的意义上比较了"五四宪法"体制（特别是国家主席制度）与苏维埃、议会制的区别，并最终设计出国家主席制度，从而形成"五四宪法"的二元政体结构。正是国家元首问题，无论是名义上的还是实质上的，造成了"五四宪法"以来中国宪法的持续性制度危机，以至于历经"七五宪法""七八宪法"更迭，直到"八二宪法"逐步建立起多重复合结构才稳定下来。

原载《政法论坛》2015 年第 1 期，
《中共党史研究》2015 年第 5 期

"八二宪法"的生成与结构

一 历史的叠加

无论就正文而言,还是就修正案而言,"八二宪法"都是历史的叠加。当然,任何一部宪法都可谓是历史的产物,都不可能是真正意义上的"创世记",但"八二宪法"的特殊之处在于,它不是一段一以贯之的历史的自然的和连续的展开,而是充满诸多断裂与矛盾的历史的叠加。层层累积的历史意味着,"八二宪法"内部必然是多重的复合结构。

"八二宪法"颁行三十周年之际,任何有关该宪法的探讨实际上都无法回避历史的视角。这三十年,中国社会经济结构急剧变迁,"八二宪法"也以四次总计三十一条修正案完成了内在转化，从而开创出新的宪制设计。[1]但如果历史的视野仅仅局限在这三十年，那么还不能完整地理解"八二宪法"的实质和多重面相。"八二宪法"正文虽然是在十一届三中全会和《关于建国以来党的若干历史问题的决议》通过之后颁行的，并以它们作为指导思想，[2]但整体而言，"八二宪法"正文是向后看的，是对1949年以来的宪制历史的重述与重构，以向后看的方式向前看。

"八二宪法"的制定前后经过了两年多的讨论（1980年9月至1982年12月），每个条款都是字斟句酌、反复推敲，可谓用意颇深，但如果抽离了历史的背景，"八二宪法"的很多条款是难以理解的，或者说不知制宪者意欲何为，更不要说阐释其实质和内在结构了。举个简单的例子，"八二宪法"第二十二条第二款规定："国家保护名胜古迹、珍贵文物和其他重要历史文化遗产"，这个条款看上去稀疏平常，甚至觉得毫无必要规定在宪法中，但如果查阅制宪史就会知道，制宪者意欲用这一条款终结"文革"中大肆毁坏历史文物的意识和行径，同时也对一些宗教界人士进行安抚。[3]因此，历

---

[1] 在《八二宪法修正案与新的宪政设计》一文中，笔者已经讨论了"八二宪法"四个修正案如何构成一部新的宪制设计，以及由此带来的"八二宪法"更加复杂的内部结构，因此这里的探讨将主要集中在"八二宪法"正文，只是顺带提及四个修正案。该文载《战略与管理》（内部版），2012年第3/4期，第25—27页。本文写作于2012年"八二宪法"颁行三十周年之际，因此所讨论的问题也仅限于2012年之前，对于2012年之后"八二宪法"的新发展，不在本文讨论之列。

[2] 彭真：《关于中华人民共和国宪法修改草案的报告》，1982年11月26日第五届全国人民代表大会第五次会议上的报告。

[3] 许崇德：《中华人民共和国宪法史》，福建人民出版社2003年版，第783页。

史的视角必须延伸到"七八宪法""七五宪法""五四宪法"乃至《共同纲领》。

"八二宪法"常常被视为"五四宪法"的继承和发展,不仅形式上基本上遵循了"五四宪法"的体例,只是将"国家机构"与"公民的基本权利和义务"对调,而且基本原则也源于"五四宪法"。据韩大元教授统计:"1982年宪法138条中借鉴1954年宪法的相同和相似的部分加在一起共98条,占87.6%。"[1]但这个说法需要谨慎对待,因为"八二宪法"和"五四宪法"在某种意义上貌合神离,例如彭真说:

> 对于现在的宪法修改草案规定的人民民主专政,不能理解为只是简单地恢复1954年宪法的提法和内容。中华人民共和国成立的初期,人民民主专政是同过渡时期的情况和任务相适应的。那个时候,国家政权的主要任务是继续完成新民主主义革命,进而实行对生产资料私有制的社会主义改造,实现由新民主主义向社会主义的过渡。在社会主义制度确立以后,我国人民民主专政的国家政权的任务,主要是保卫社会主义制度,领导和组织社会主义建设。[2]

---

[1] 韩大元编著:《1954年宪法与中国宪政》(第2版),武汉大学出版社2008年版,第402页。
[2] 彭真:《关于中华人民共和国宪法修改草案的报告》,1982年11月26日第五届全国人民代表大会第五次会议上的报告。

也就是说，同样的概念在"五四宪法"和"八二宪法"中的意思是不完全一样的。因此，在指出"八二宪法"与"五四宪法"的相似性的同时，还要关注它们之间的差异，恰恰是这些差异，揭示出"八二宪法"独特的品性，而要讨论这些差异，则不得不处理《共同纲领》、"七五宪法"、"七八宪法"对"八二宪法"正面的和反面的影响。[1]

先举几个简单的例子。

比如，"五四宪法""七五宪法"和"七八宪法"中并没有关于政治协商会议的规定，而"八二宪法"则对政治协商会议作出了宪法定位，这无疑是由于政治协商会议在建国中所起的特殊作用以及在《共同纲领》中的特殊身份。而"八二宪法"第二十四条中的"爱祖国、爱人民、爱劳动、爱科学、爱社会主义"，实际上来源于《共同纲领》第四十二条中的"爱祖国、爱人民、爱劳动、爱科学、爱护公共财物"。

再比如，《共同纲领》和"五四宪法"都将新中国界定为人民民主国家，而"八二宪法"界定为人民民主专政的社会主义国家。《共同纲领》和"五四宪法"中都没有提到阶

---

[1] 高全喜教授提倡一种"大回归论"，认为"八二宪法"在精神上可以回归到1912年的《中华民国临时约法》，但这种"大回归论"主要针对的是"八二宪法"四个修正案，在高全喜教授看来："四个修正案所'回归'的并非《五四宪法》，而是更远距离的1912年《临时约法》和更宽历史脉络中的共和主脉。"而本文的探讨仍局限在新中国的历部宪法中，旨在指出透过"五四宪法"之外的其他几部宪法，可以发现"八二宪法"一些独特的品性。参见高全喜、田飞龙《〈八二宪法〉与现代中国宪政的演进》，载《二十一世纪》2012年6月号，总第131期，第15—16、20、26页。

级斗争，而"八二宪法"序言却说："在我国，剥削阶级作为阶级已经消灭，但是阶级斗争还将在一定范围内长期存在。"《共同纲领》和"五四宪法"中都没有提到无产阶级专政，而"八二宪法"虽然在正文第一条中将"无产阶级专政"修改为"人民民主专政"，但在序言中仍宣称"人民民主专政，实质上即无产阶级专政"，这些实际上都是"七五宪法"和"七八宪法"的"文革"要素在"八二宪法"中的残存。

事实上，"八二宪法"中诸多新增条款都是反思"文革"教训的结果，如第三十八条规定，"公民的人格尊严不受侵犯。禁止用任何方法对公民进行侮辱、诽谤和诬告陷害"，这主要是针对"文革"中的大批斗而言的；与之相对，很多条款没有被规定，同样是基于对"文革"的反思，如迁徙自由和罢工自由。[1]

因此，"八二宪法"必须放在历史的视野中并与之前的历部宪法相比较，才能被完整地理解。但仅有历史视角还是不够的，历史只能给我们提供诸多有益的素材，尚需要对这些素材进行哲学化处理，且还需要从政治结构和思想结构来

---

[1] 在"八二宪法"制定过程中，对是否规定迁徙自由和罢工自由有巨大争议，特别是罢工自由，支持者甚至引用列宁的话来为自己的主张张本："列宁说过：'在无产阶级执政的国家里采取罢工斗争，其原因只能是无产阶级国家中还存在着官僚主义弊病，它的机关中还存在着各种官僚主义旧残余。'"但"八二宪法"最终还是取消了罢工自由，一种解释是在社会主义国家，"人民不能自己罢自己的工"，还有一种解释认为"取消罢工自由是对波兰事件做出的反应"，但笔者以为，最直接的原因还是"文革"期间"罢工闹事"的深刻记忆。以上引文参见许崇德《中华人民共和国宪法史》，福建人民出版社2003年版，第736、791—794页。

理解"八二宪法",当然,这个政治的和思想的结构是在历史中展现出来的。需要说明的是,这里所谓的结构不是指宪法文本的形式结构,而是纷繁复杂的条文背后的政治结构以及政治结构背后的思想结构,这些基本的结构才是拨云见日地理解"八二宪法"的根基。[1]

从历史的视角看,"八二宪法"需要放置在《共同纲领》以来的新中国立宪史中来处理,这个历史不是自然展开的连贯的历史,而是充满诸多冲突与断裂的历史三峡。"八二宪法"的核心之处,就在于如何将这种种冲突与断裂统一起来,讲出一个完整的故事,而统一起来的关键就在于多重的复合结构。

本文旨在历史地揭示"八二宪法"的政治-思想结构,这个结构是多重的,可以从诸多不同的侧面来剖析,[2]但本文只能局限于最为核心的主权结构:首先是统一战线与政治协商会议的历史变迁,及其去政治化的政治意涵与隔离功能;其次是领导原则与代表原则的区分与统一,统一的关键是领导原则对代表原则的吸纳以及一套复杂的选举技术;最后是

---

[1] 从历史的和结构的视角来阐释"八二宪法",受到劳伦斯·却伯对美国"看不见的宪法"的分析的启发。在却伯看来,"美国宪法应被理解为发生在一种厚重的、无法自我定义的历史内:历史在时间进程内追随着宪法;基于在历史过程内的所理解的宪法历史、结构和文本所包括的理念,后世人必须还原这段历史"。参见[美]劳伦斯·却伯《看不见的宪法》,田雷译,法律出版社 2011 年版,第 67 页。

[2] 如笔者在"身份与政治"这一主题下,从阶级、族群、地域、公民四个要素对"人民共和"作的结构分析,参见翟志勇《身份与政治:"人民共和"的法理解析》,载《优良政体》("历史法学"第五卷),法律出版社 2012 年版,第 43—52 页。

以法治、私有产权和人权为核心的新的制度设计的引入，一定程度上改变了原有结构的社会和思想基础，为新的变革准备了条件。"八二宪法"之所以能够应对三十年来如此错综复杂的社会变革，秘密就在于这种历史地生成的多重复合结构。

二 统一战线：民主、革命与爱国

1939年，毛泽东在《〈共产党人〉发刊词》一文中写道："十八年的经验，已使我们懂得：统一战线，武装斗争，党的建设，是中国共产党在中国革命中战胜敌人的三个法宝，三个主要的法宝。"[1] 这是对既往革命经验的总结，也是对未来工作的指导。在三大法宝之中，"统一战线"被放在了首位。

十年之后，正是统一战线在新中国诞生的过程中发挥了至关重要的作用。1948年4月30日，《中共中央发布纪念"五一"劳动节口号》向各民主党派、各人民团体和各界人士发出号召：在巩固和扩大统一战线的基础上，"各民主党派、各人民团体、各社会贤达迅速召开政治协商会议，讨论并实现召集人民代表大会，成立民主联合政府！"[2]

1949年9月，新政治协商会议召开，会议通过的《共同

---

[1] 《毛泽东选集》第2卷，人民出版社1991年版，第606页。
[2] 政协全国委员会办公厅：《开国盛典——中华人民共和国诞生重要文献资料汇编》，中国文史出版社2009年版，第9页。

纲领》是新中国的立国之基，真正的建国文献，其中对于统一战线与政治协商会议是这样表述的：

> 中国人民民主专政是中国工人阶级、农民阶级、小资产阶级、民族资产阶级及其他爱国民主分子的人民民主统一战线的政权，而以工农联盟为基础，以工人阶级为领导。由中国共产党、各民主党派、各人民团体、各地区、人民解放军、各少数民族、国外华侨及其他爱国民主分子的代表们所组成的中国人民政治协商会议，就是人民民主统一战线的组织形式。中国人民政治协商会议代表全国人民的意志，宣告中华人民共和国的成立，组织人民自己的中央政府。

当民主选举的人民代表大会在客观上不可能召集之时，人民民主统一战线实际上是拟制化的人民，而作为统一战线组织形式的政治协商会议实际上就是制宪会议。《共同纲领》第十三条规定："在普选的全国人民代表大会召开以前，由中国人民政治协商会议的全体会议执行全国人民代表大会的职权。"也就是说，政治协商会议同时执行最高国家权力机关的部分职权。不过这只是开国之初的不得不然，若"以新民主主义即人民民主主义"为政治基础的新中国真正兑现人民当家作主的承诺，政治协商会议显然意识到，它从人民民主统一战线获得的授权并不能等同于人民的授权,[1] 因此,《共同纲领》第十三条同时规定:"在普选的全国人民代表大会召开以后,中国人民政治协商会议就有关国家建设事业的根本大计及其他重要措施,向全国人民代表大会或中央人民政府提出建议案。"这意味着政治协商会议最终要将主权交还给人民。

因此,到 1954 年召开第一届全国人民代表大会时,以全国人民代表大会取代政治协商会议来制定宪法并作为最高国家权力机构是毫无疑问的。但取代之后,如何处理人民民主统一战线及政治协商会议就成了一个需要讨论的问题。"五四宪法"的最终抉择是:

第一,在宪法序言中继续保留"人民民主统一战线",作为一种历史遗产以及"动员和团结"机制,同时抛弃"以工人阶级为领导"这样的迂回表述,明确强调党对统一战线的领导权;

第二,政治协商会议被正式请出了宪法,刘少奇对此的解释是:"有些人提议在宪法序言中增加关于中国人民政治协商会议的地位和任务的规定。宪法起草委员会认为在宪法

---

1 斯大林在建议中国尽快制定宪法时也指出了同样的问题:"斯大林认为,如果你们不制定宪法,不进行选举,敌人可以用两种说法向工农群众进行宣传反对你们:一是你们的政府不是人民选举的;二是说你们国家没有宪法。因政协不是经人民选举产生的,人家就可以说你们的政权是建立在刺刀上的,是自封的。"参见刘少奇《关于与斯大林会谈情况给毛泽东和中央的电报》,载《建国以来刘少奇文稿》第 4 册,中央文献出版社 2005 年版,第 537 页。

序言中可以不作这样的规定。中国人民政治协商会议是我国人民民主统一战线的组织形式。它曾代行全国人民代表大会的职权，这种职权今后当然不再需要由它行使，但是它作为统一战线的组织将在我国的政治生活中继续发挥它的作用。既然它是统一战线的组织，所以，参加统一路线的各党派、各团体，将经过协商，自行作出有关这个组织的各种规定。"[1] 实际上这意味着政治协商会议完成了作为制宪会议和代行最高权力机关部分职权的阶段性历史使命后，被彻底解除了"武装"，仅仅作为统一战线的内部组织形式，不再具有宪制的意义。

到"七五宪法"时，统一战线被进一步削弱，仅仅以"发展革命统一战线"一笔带过，以"革命"替代"民主"，不仅进一步扼杀统一战线本身，也使得革命者完全孤立起来。到"七八宪法"时，吸取"文革"教训，统一战线重新受到重视，宪法序言规定："我们要巩固和发展工人阶级领导的，以工农联盟为基础的，团结广大知识分子和其他劳动群众，团结爱国民主党派、爱国人士、台湾同胞、港澳同胞和国外侨胞的革命统一战线。"虽然仍贯之以"革命"，但重新开始团结能够团结的各种力量。[2]

---

1 刘少奇：《关于中华人民共和国宪法草案的报告》，1954年9月15日在中华人民共和国第一届全国人民代表大会第一次会议上的报告。
2 叶剑英对此有个说明："毛主席曾经反复地教导我们：'无产阶级专政要靠广大的同盟军，单是无产阶级一个阶级不行'。中国无产阶级'要靠几亿人口的贫农、下中农、城市贫民、贫苦的手工业者和革命知识分子，才能实行专政，不然是不可能的'。"参见叶剑英《关于修改宪法的报告》，1978年3月1日在中华人民共和国第五届全国人民代表大会第一次会议上的报告。

"八二宪法"对统一战线的规定作出重大调整,这种调整主要是由于"文革"的惨痛教训:

> 在长期的革命和建设过程中,已经结成由中国共产党领导的,有各民主党派和各人民团体参加的,包括全体社会主义劳动者、拥护社会主义的爱国者和拥护祖国统一的爱国者的广泛的爱国统一战线,……中国人民政治协商会议是有广泛代表性的统一战线组织。

首先,统一战线的性质由"革命"改为了"爱国",但并没有恢复到最初的"民主",由于"爱国"不再考虑阶级身份,统一战线具有无限大的内部容量;其次,再次明确以党对统一战线的领导取代工人阶级对统一战线的领导;最后,也是最重要的是,政治协商会议重新进入宪法,获得宪法地位,虽然并非国家机构,也不是权力机关,但其作为统一战线组织形式的身份得到了宪法的肯认。

以上对统一战线以及政治协商会议在新中国宪法中的变迁的粗略考察表明,从"五四宪法"开始,如何在宪制中安放统一战线和政治协商会议是一个重大的课题,从"民主"到"革命"再到"爱国",宪法对这个问题的处理几经反复。为什么会这样?统一战线本是党的斗争策略,是无产阶级革命逻辑无法完全贯彻时的一种必然选择,根据政治形势的发展需要,选择性地吸纳和排斥特定的群体。

因此，统一战线从来都不是固化的，而是不断生成的机制。[1] 但是，当统一战线在建国时与政治协商会议结合起来，便具有了国家的性质，是具有一定代表性的代议机构，虽然《共同纲领》规定人民代表大会成立之后，政治协商会议将成为咨议机构，但作为咨议机构的政治协商会议的宪法地位如何？性质如何？与人民代表大会的关系如何？这些问题没有清晰的答案，而对这些问题的回答，又会牵涉到主权结构这一根本的宪制问题。[2]

统一战线和政治协商会议本是党与其他民主党派的政治协商机制，如果完全抛弃统一战线和政治协商会议，就要涉及如何安放各民主党派的问题。没有了统一战线和政治协商会议，民主党派必然通过人大代表的选举而进入人民代表大

---

1 《毛泽东选集》第2卷，人民出版社1991年版，第606—607页。
2 其实早在起草《共同纲领》时，这个问题就出现了，周恩来对此有个说明："在讨论中曾经出现过两种其他的想法：第一种以为等到人民代表大会召开之后，就再不需要人民政协这样的组织了；第二种以为由于各党派这样团结一致，推动新民主主义很快地发展，党派的存在就不会很久了。后来大家在讨论中认为这两种想法是不恰当的，因为他们不合于中国革命的发展和建设的需要。普选的全国人民代表大会的召开，固然还需要一个相当时间，就是在普选的全国人民代表大会召开以后，政协会议还将对中央政府的工作起协商、参谋和推动的作用。其次，新民主主义时代既有各阶级的存在，就会有各党派的存在。旧民主国家的统治者是资产阶级，其所属各派必然是互相排挤，争权夺利。新民主主义国家的各阶级在工人阶级领导之下，虽然各阶级的利益和意见仍有不同之处，但是在共同要求上、在主要政策上是能够求得一致的，筹备会通过的共同纲领草案就是一个最明显的证明。而人民民主统一战线内部的不同要求和矛盾，在反帝反封建残余的斗争面前，是可以而且应该得到调节的。"参见周恩来《人民政协共同纲领草案的特点》，载《开国盛典——中华人民共和国诞生重要文献资料汇编》，第316页。

会中，从而形成事实上的多党政治，因此统一战线和政治协商会议必须继续存在；而如果继续维持政治协商会议的宪法地位，哪怕只是作为咨议机构，也会涉及与人民代表大会争权的问题，从而有可能演化为事实上的两院制。[1]

在"八二宪法"制定过程中，有些人主张将政治协商会议的"政治协商"与"民主监督"职能写入宪法，胡乔木对此持反对意见，认为"政治协商"与政治协商会议同义反复，而"民主监督"对于政协无疑是正确的，但写进宪法就具有了法律性质，将造成政协、人大、国务院之间法律关系的复杂：

> 民主监督在政治上是正确的，但不能在宪法中规定。否则，国家生活就会发生不方便、不明确，就要影响人大、人大常委会的最高国家权力机关的地位。……全国人大做决定，不发生协商的问题。党派之间的协商亦不能同权力机关的职能相混淆。[2]

制宪者在这个问题上的顾虑可见一斑。既不能取消，又

---

[1] 在"八二宪法"起草过程中，"还有个别的意见主张把中国人民政治协商会议作为全国人大两院中的上院。但多数认为政协应在国家生活中发挥特有的作用，不宜放入全国人大中来。"当然，随着两院制最终被否定，这个"个别的意见"自然也就销声匿迹了。参见许崇德《中华人民共和国宪法史》，福建人民出版社 2003 年版，第 564、574、591 页。

[2] 参见许崇德《中华人民共和国宪法史》，福建人民出版社 2003 年版，第 664 页。1993 年第四修正案在宪法序言中增加了"中国共产党领导的多党合作和政治协商制度将长期存在和发展"。但"民主监督"依然没有写入宪法。

不能实质化，因此唯一的选择是以统一战线和政治协商会议作为安放民主党派的机制，同时又将其与人民代表大会完全隔离开来，在继续保留统一战线和政治协商会议的同时，必须将其去政治化。"八二宪法"最终选择"爱国统一战线"，正是此种去政治化的最终体现。统一战线和政治协商会议形成一道屏障，使得各民主党派与人民代表之间不发生实质性联系，从而将政党政治挡在人民代表大会之外，政党之间的意见分歧将在政治协商会议中解决，党的意志经过了政治协商会议的背书后，便能顺理成章地进入人民代表大会之中，进而成为国家的意志。

统一战线和政治协商会议在中国宪制结构中具有非常独特的地位和职能，它们不能进入主权结构之中，从而成为主权的组成部分，但也不能被完全取消或排除，因为它们对真正的主权结构"党—人民代表大会"的形成和稳定至关重要，关键所在便是它们具有的"隔离"功能。对于中国立宪制度来说，统一战线和政治协商会议是看似不重要但实际上不可或缺的重要一维，它们构成了"八二宪法"主权结构的隐性之维。

这里需要顺带说明另外一个问题：宪法序言中确立了党的领导，但很少有人探讨党的领导在宪法上的实施机制是什么。从宪法生成的历史以及宪法序言的表述来看，党对人民的领导，实际上是通过统一战线和政治协商会议来实现的。这种领导是一种政治领导，是对各个不同的阶级、阶层或团体的先锋队的领导,因此区别于以一人一票的选举制度为基础的人民代表大会。这个问题的澄清,对于理解中国立宪制度非常重要,但此处无法详细论证,下面将要讨论的主权结构中的领导与代表的关系问题,也会部分涉及这一问题。[1]

三 领导与代表

虽然《共同纲领》中并未提及党的领导,但从"五四宪法"开始,党的领导被正式写入宪法,并一直延续到"八二宪法"。党为什么坚持"领导"人民而不是"代表"人民?既然坚持党的领导,为什么又要建立人民代表大会制度?党的领导与人民代表大会之间如何协调?这些都是根本的宪法问题。

首先追溯一下党的领导和人民代表大会在宪法上的变迁。《共同纲领》序言中写道:"中国人民民主专政是中国工人阶级、农民阶级、小资产阶级、民族资产阶级及其他爱国民主分子的人民民主统一战线的政权,而以工农联盟为基础,以工人阶级为领导。"虽然从党是工人阶级先锋队这个自我定位,可以推导出党的领导地位,但毕竟没有明确提及党的

---

[1] 在讨论"领导与代表"之前,需要说明的是,宪法确立了人民主权原则,人民是唯一的主权者,但人民无法直接行使主权,需要确立一个主权结构作为实施机制,三权分立是一种机制,议会制也是一种机制,"八二宪法"在事实上确立起来的一种特殊的机制,即"党—人民代表大会",不是所谓的"二元代表制",也不是所谓的"中国人民在中国共产党领导下",其独特性需要借助领导原则与代表原则的矛盾结合来理解。

领导,只是说"由中国共产党、各民主党派、各人民团体、各地区、人民解放军、各少数民族、国外华侨及其他爱国民主分子的代表们所组成的中国人民政治协商会议,就是人民民主统一战线的组织形式"。这是"中国共产党"在《共同纲领》中唯一的一次出现,中国共产党仅仅是政治协商会议的一个参加单位。

到了"五四宪法",党的领导被正式写入宪法序言:一处是党领导中国人民建立新中国,一处是党对人民民主统一战线的领导。与此同时,全国人民代表大会取代了政治协商会议。这里需要注意两点:

第一,由于在《共同纲领》时代,政治协商会议具有双重身份,既是统一战线的组织形式,又是最高国家权力机关,且两者都内化在主权结构中,所以从《共同纲领》到"五四宪法",主权结构的转换不是人民代表大会取代了政治协商会议这一单线脉络,而是党的领导和全国人民代表大会两者结合在一起,共同完成对《共同纲领》确立的主权结构的置换;

第二,党对人民的领导实际上是通过党对人民民主统一战线的领导实现的,统一战线的广泛代表性,将党的领导权的阶级性转化为全民性。"七五宪法"基本废弃了统一战线,而让党直接领导人民代表大会,而"八二宪法"的成功就在于它又恢复了"五四宪法"确立的领导与代表分开的结构。

到了"七五宪法",党的领导得到空前强化,不仅写入宪法序言,而且写入宪法正文。

首先，在第一条国体（无产阶级专政的社会主义国家）和第三条政体（人民代表大会）之间，插入了党的领导："中国共产党是全中国人民的领导核心。工人阶级经过自己的先锋队中国共产党实现对国家的领导。"

其次，第十五条明确了党对武装力量的领导："中国人民解放军和民兵是中国共产党领导的工农子弟兵，是各族人民的武装力量。中国共产党中央委员会主席统率全国武装力量"；

最后，也是最有意思的是，第十六条明确规定："全国人民代表大会是在中国共产党领导下的最高国家权力机关"，第十七条规定，全国人民代表大会根据中国共产党中央委员会的提议任免国务院总理和国务院的组成人员。

到了"七八宪法"，党的领导被稍微弱化，但仅删除了党对人民代表大会的领导。

到了"八二宪法"，情况又发生了变化，党的领导只在宪法序言中予以明确，和"五四宪法"的规定基本一样。

从《共同纲领》到"八二宪法"，有关党的领导的写法耐人寻味，特别是"八二宪法"在这个问题上的微妙之处：党的领导没有写入宪法正文，特别是取消党对全国人民代表大会的直接领导，但又在宪法序言中规定坚持党的领导，从而利用宪法本身的形式结构特性，将党的领导与人民代表大会区别开来，但同时又统一起来。

党的领导与人民代表大会体现了宪法中的两条政治原

则,姑且将其分别简单称为"领导原则"(党领导人民)与"代表原则"(人民代表大会代表人民)。暂且不论为什么要坚持党的领导,我们先探讨一下,既然要坚持党的领导,为什么还要设置人民代表大会制度?按照马克思主义的逻辑,这个问题似乎不是很容易理解。党自我定位为工人阶级的先锋队,把握着世界历史发展的方向,是自觉意识最高的群体,在物质(生产力)和文化两个方面都代表着发展方向;而人民代表大会必然容纳党和工人阶级之外的其他阶层,按照马克思主义的一般原理,这些阶层是落后的、需要被教化的阶层,但人民代表大会却又是最高国家权力机关,这似乎意味着自觉意识最高的党要被置于人民代表大会之下,对于党来说,这难道不是个悖论吗?"七五宪法"的写法(全国人民代表大会是在中国共产党领导下的最高国家权力机关),似乎更符合马克思主义的理论逻辑。并且,在"八二宪法"中,党的领导的表达只在序言中予以明确,并没有写入正文,这又是为什么?

对这个问题,当前一种流行的解释是,人民代表大会作为"橡皮图章",[1] 起到正当化的作用,党的决议经由人民代

---

[1] 这种"橡皮图章"的说法,早在"八二宪法"制定时就出现了,宪法起草小组成员曾经试图通过"两院制"、减少代表规模来改变人民代表大会"橡皮图章"的形象,但均未被采纳。参见许崇德《中华人民共和国宪法史》,福建人民出版社2003年版,第585—592页。

大会，获得了正当性。[1] 这个看似有道理的解释实际上没有触及问题的核心，仅仅是个两面不讨好的混淆术。问题的核心毋宁是，既然宪法确认了党的领导地位，为什么党的决议必须经由人民代表大会再次确认才具有正当性？党的先锋队性质难道不能保证党的决议有效吗？人民代表大会既然被视为橡皮图章，又如何能够提供正当性？

党坚持领导而不代表，或许可以从下面几个方面初步解释：

首先，党本身的性质是工人阶级先锋队，而阶级的区分又是无产阶级理论的核心，这使得党无法代表农民阶级、民族资产阶级、知识分子等其他阶级或阶层，即便到了"三个代表"时代，党代表的也仅仅是"最广大人民的根本利益"，代表的是"利益"而非"意志"，代表的是"最广大"人民而非"全体"人民——党的阶级性，限制了党的代表身份。也正因为如此，党的领导必然是通过统一战线和政治协商会议实现的；

其次，人民主权，或者说人民当家作主，是被党所接受的基本政治理念，虽然党会用阶级概念和统一战线来界定和组织人民，但党承认党的权力是人民所赋予的。由于统一战线自始至终广泛存在，人民概念的内涵必然远大于无产阶级，

---

[1] 参见强世功《中国宪法中的不成文宪法——理解中国宪法的新视角》，《开放时代》2009年第12期，第21—25页。

在坚持新民主主义作为立国之基的《共同纲领》时代，人民代表大会制度是必然的选择，在党的系统外，需要设置另外一个系统，以组织和安置人民。人民代表大会制度一旦设立，就具有了制度惯性，即便"七五宪法"，也只是规定党对人民代表大会的领导，仍未取消人民代表大会；

最后，党显然意识到领导原则和代表原则是两条截然不同的原则，因此要通过技术手段并利用宪法的结构特征将两者分开，避免发生正面的交锋。领导原则被置于宪法序言之中，统领整部宪法，而人民代表大会被安置在国家机构一章，虚实结合，实现辩证统一。陈端洪教授认为："在当代中国，最终的主权属于人民，而人民是通过共产党的代表作用和人民代表大会的代表作用得以组织化的。""代表概念被赋予双重定义，既指向共产党对人民的代表，也指向人民代表大会。"[1] 但是，陈教授所谓的"二元代表制"不仅没有注意到党的领导在宪法中的变迁史，也没有认识到党的领导的实现机制，即统一战线和政治协商会议，更没有注意到领导原则与代表原则的本质差别。[2] 领导原则实际上是以阶级的区分作为

---

[1] 陈端洪：《宪制与主权》，法律出版社 2007 年版，第 147、148 页。同样的观点也被强世功教授所肯认，参见强世功《中国宪法中的不成文宪法——理解中国宪法的新视角》，《开放时代》2009 年第 12 期，第 21—25 页。

[2] 不过，当陈端洪教授将"中国人民在中国共产党的领导下"视为中国宪法第一根本法，将其视为"中国人民的主权组织化、定型化的第一原则"时，他实际上抛弃了他所谓的"二元代表制"，"人民代表大会的代表"悄无声息地消失了，"二元代表制"必然带来的内部紧张就此被回避掉了。参见陈端洪《制宪权与根本法》，中国法制出版社 2010 年版，第 283—286 页；《宪制与主权》，法律出版社 2007 年版，第 147 页。

前提条件、以阶级的联合（统一战线）作为实现机制的，而代表原则恰恰相反，它建立在平等的公民身份之上，也就是《选举法》所确立的一人一票原则，两者是完全不同的政治原则。

领导原则与代表原则的结合，不是中国特色，苏维埃体制同样如此，从而形成一种特殊的政治形式。那么，这种政治形式的思想基础是什么？领导原则来源于先锋队的比喻，思想基础可以追溯到黑格尔的历史哲学和辩证法，施米特是这样解释的：

> 世界精神在其发展的所有阶段，只在少数头脑中展现自身。……总是有一支世界精神的先头部队、一个发展和自觉的顶端、一个先锋队，它有采取行动的法权，因为它拥有正确的知识和意识，它不是一个身位的上帝的拣选人，而是发展中的一个要素。这个先锋队丝毫不会逃避世界历史发展的内在性，而是充当——用一句粗俗的比喻说——即将来临的事变的接生婆。[1]

先锋队既不是自上而下的上帝拣选的代表，也不是自下而上的人民选举的代表，先锋队不代表任何人，它是世界精神的化身，是人类历史的选择，党也自认为它的领导

---

[1] ［德］卡尔·施米特：《当今议会制的思想史状况》，冯克利译，载《政治的浪漫派》，刘小枫编，上海人民出版社2004年版，第206页。

地位是历史地确立的，不仅是过往的历史，更重要的是普遍的历史。党的工人阶级先锋队的历史定位，自始就不是来自代表观念。

代表概念的思想基础比较复杂，既有基于天主教传统的代表观与基于新教传统的代表观的分别，又有欧陆传统的代表观与英美传统的代表观的分别，并且这些类型的代表观常常是混同在一起的。[1]就现今世俗理性主义国家的代议制民主而言，代表概念基本上是以人民主权为基础并建立在理性假设和选举技术之上的，代表的权力来源于人民并代表着人民，代议制是人民主权的实现方式。

对于秉持唯物史观的党来说，代表一定是自下而上的，是来自人民的，而领导原则又是自上而下的，是作用于人民的，那么，代表原则和领导原则如何协调呢？这个问题至少可以从两个方面来观察：其一是理论上以领导原则改造代表原则；其二是实践中诉诸复杂的选举技术。

人大代表是兼职的，自身就是直接的生产者，代表他所在的那个岗位、阶层、群体、界别中的先进分子，亦如党之

---

[1] 相关的论述可参见［法］基佐《欧洲代议制政府的历史起源》，张清津、袁淑娟译，复旦大学出版社2008年版；[德]施米特《罗马天主教与政治形式》，载施米特《政治的概念》，刘小枫、刘宗坤译，上海人民出版社2003年版，第57—112页；[美]曼斯菲尔德《近代代议制和中世纪代表制》，刘锋译，载刘小枫编《施米特与政治法学》，上海三联书店2002年版，第329—364页；Hanna Fenichel Pitkin, *The Concept of Representation*, University of California Press, 1967；翟志勇《卡尔·施米特与代议制的思想基础》，《开放时代》2012年第8期。

于工人阶级的先锋队角色一样，人大代表之于他们的选举单位，同样具有先锋队性质，当然，这个先锋队是党所组织和赋予的。因此，理论上人民代表大会可以被视为各个地域、阶层和界别的先锋队组成的大会，而在这里，党是先锋队的先锋队，领导着先锋队。周林刚曾把人大代表解释为"多样性之样本"，[1] 但这个样本不是随意抽取的样本，他们之所以能够成为样本，在于他们在各自的地域、岗位、界别中的先锋队角色，他们具有典型的表征性，这就不难理解一些明星式的人物为什么会被安排成为人大代表，因为他们被视为先锋队员，具有启蒙和教育其他人的意义。

如果说党是工人阶级的先锋队（当然这仅仅是就最原初的理论来说），那么人民代表大会就是全国人民的先锋队，基于工人阶级的领导地位，党必然是先锋队的先锋队。人民代表大会所基于的代表观念，是被先锋队观念所改造过的代表观念。因此可以说，人民代表大会这套国家机关组织和权力系统，实际上是党的组织和权力系统在国家领域的投射，"人民代表大会—人民"是按照"党—工人阶级"的结构构造出来的，也就是说，党的组织原则和权力关系与国家机构的组织原则和权力关系具有同构性，比如，民主集中制既是

---

[1] 参见周林刚《作为"多样性之样本"的人民代表——论社会主义国家的代表观及其起源》，2011年第一届"新法学·青年论坛"会议论文。

党的组织原则，也必然是国家机构的组织原则。[1]

这种同构性意味着，除非发生暴力革命或大规模社会运动，否则政治体制改革一定是从党内开始的。这种同构性是一党执政国家必然具有的现象，既区别于多党制国家，又区别于绝对专制国家。对于前者，党的系统和国家系统是截然有别的；对于后者，党的系统和国家系统是合一的。这是我们理解一党执政国家的政法体制的关键所在。这也解释了为什么其他党派可以但只能在政治协商会议中存在，而不能在全国人民代表大会中存在，原因在于，如果其他党派进入全国人民代表大会，就破坏了这个同构性结构。

但是，毕竟人大代表是选举选出来的，党如何保证选举出来的人大代表就是所谓的"先锋队员"？他们能够理解这种同构性，并且与党一起运作这套特殊的机制吗？这就涉及复杂的选举技术问题，需要进一步探究选举法的制度安排和实践中的具体操作，这个问题需要另文探讨。[2]

党的领导和人民代表大会并存，是一种混合体制，或

---

[1] 当党实现了对统一战线的领导后，这种同构性同样适用于"政治协商会议—统一战线"，事实上，党必须先完成这一层次的同构，才能实现对代表原理的领导化改造，即实现与"人民代表大会—人民"的同构性。

[2] 比如，按照《选举法》第三十二条规定："县级以上的地方各级人民代表大会在选举上一级人民代表大会代表时，代表候选人不限于各该级人民代表大会的代表。"这也就意味着，县级以上各级人民代表大会的每一次选举，都会在一定程度上发生一次代表性的断裂。

过渡体制，就像阶级斗争无法完全贯彻时必然要有统一战线一样，党的领导无法完全贯彻时，必然需要人民代表大会作为依托。不要忘记，曾经代行人民代表大会职能的政治协商会议，被视为统一战线的组织形式，今天依然如此。但党的领导和人民代表大会毕竟是基于不同原则的两套不同系统，两者之间的同构性是有条件的，两者之间的关系也是动态的。对于这个结构的揭示和处理，是中国宪制的核心问题。而所谓的"二元代表制"，未能真实地概括出这个"领导—代表"结构，自然也就无法面对和处理真实的问题。

四 新的宪制设计

前面的讨论主要涉及"八二宪法"正文，正如本文第一部分所言，"八二宪法"正文实际上是向后看的，其中一项核心的工作是重构主权结构，即统一战线（政治协商会议）、党和人民代表大会之间的关系。三者之间关系的妥善处理，才能带来主权结构的稳定，才能为改革开放奠定稳固的政治基础。而"八二宪法"修正案则可以卸下这些历史包袱，不再处理基本的主权结构问题，而是根据新的形势发展，内化出一套新的宪制设计，这套宪制设计不触及主权结构的变更，但却在一定程度上改变了主权结构的社会和思想基础，为宪法政治结构的变革准备了条件。

对"八二宪法"修正案作一个简单的统计和分析有助于阐明上述问题。四个修正案共三十一条,其中涉及序言的五条,涉及总纲的十六条,涉及公民基本权利和义务的两条,涉及国家机构的七条,涉及国歌的一条。这三十一条修正案内容庞杂,但整体而言,主要涉及下面三个问题:一是对"人民共和国"的重新理解和定位,二是将社会从国家中释放出来,实现国家与社会的初步分离,三是依法治国、私产保护和人权条款入宪,确立了新宪制设计的指导原则和精神基础。

修正案中有五条涉及宪法序言,其中三条反复修改序言第七段,两条修改序言第十段。第十段是有关统一战线的规定,先是在1993年第四条修正案增加"中国共产党领导的多党合作和政治协商制度将长期存在和发展",继而2004年第十九条修正案在爱国统一战线的组成部分中增加了"社会主义事业的建设者"。这两条修正案是对统一战线和政治协商会议的进一步完善,但并未改变基本的主权结构。

序言第七段的内容是人民共和国的自我定位、指导思想、任务和目标。

在自我定位上,修正案先是增加了"我国正处于社会主义初级阶段",接下来修改为"我国将长期处于社会主义初级阶段",正式地确立社会主义初级阶段论。

在指导思想上,修正案先后在"马克思列宁主义和毛泽东思想"之外,增加有"中国特色社会主义理论""邓小平理论""三个代表"。[1] 在任务上，增加了"坚持改革开放"和"发展社会主义市场经济"。

在目标上，将"高度文明、高等民主"改为"富强、民主、文明"，并增加推动"政治文明"的发展。

这些修改很琐碎，而且个别字句反复修改，但如果将"八二宪法"序言原第七段和四次修改后的第七段比较阅读，就会发现，四次修改实际上已经部分完成了对人民共和国的重新理解和定位：社会主义初级阶段论的提出，以及在这个基础上对指导思想、任务和目标的重新确立，将人民共和国由原来实现共产主义的那个必要环节，定位为实现从人民民主专政国家向人民民主国家的回归，由此必然影响到对主权结构的重新理解和定位。

对人民共和国的重新理解和定位还处在不断的修正之中，但这个有限的变化足以使得国家与社会的分离成为可能，并具体表现为总纲中经济条款的大量修改。修正案中有将近一半的条文涉及经济体制改革，主要是所有制和分配体制的改革，而且个别条文渐进式地反复修改。这个修改过程比序言的修改更为繁琐，总体内容是所有权和分配体制的多元化，这里不谈具体的修改内容，只想指出所有

---

[1] "中国特色社会主义理论""邓小平理论""三个代表"常常被解释为"马克思列宁主义和毛泽东思想"的新发展，但发展意味着变革，变革意味着新的开端。仔细观察就会发现，今天主流媒体在讲到指导思想时，往往只提"中国特色社会主义理论""邓小平理论"和"三个代表"。

权和分配体制变革的宪制意义是，以私营经济和私人生活为基础的市民社会得以从国家中释放出来，并逐步发育起来，而市民社会的发育和成熟，是新宪制设计的基础，而也正是在市民社会得到一定程度的发展后，新宪制设计的指导原则才终于在1999年和2004年进入宪法，即依法治国、私产保护和人权条款入宪。

虽然依法治国、私产保护和人权条款分别被置于宪法的第一章"总纲"和第二章"公民的基本权利和义务"中，未能进入宪法序言，从制宪者的角度来看，似乎这两个条款仍在宪法序言所确定的基本宪制格局中，但这三个条款的写入，再加上上述宪法序言的修改和所有权体制的变革，无疑改变了"八二宪法"的社会基础和精神结构，从而标志着新宪制设计雏形初现。如果说经济体制改革造就国家与社会的分离，使得市民社会得以发育，那么，依法治国、私产保护和人权条款入宪，则进一步为公民社会的发育创造了思想条件和宪制基础，而新的宪制设计的逐步完善，有赖于市民社会和公民社会的进一步发展。总而言之，修正案中所展现出来的人民共和国的重新理解和定位、国家与社会的分离以及市民社会和公民社会的发育，再加上依法治国、私产保护和人权条款入宪所确立的新的立宪观，构成了一部新的宪制设计。

五　多重复合结构

以上讨论表明，就"八二宪法"的主权结构而言，"党—人民代表大会"无疑是这一主权结构的核心，而这一主权结构的生成和稳定又是以对统一战线和政治协商会议的特殊处理作为前提条件的[1]；同时，伴随着四个宪法修正案的依次出台，新的宪制设计的雏形虽然没有触及"八二宪法"主权结构，但却改变了它的社会和思想基础，为将来的变革预作铺垫。因此，从《共同纲领》以来，中国宪法经过层层历史的叠加，已然形成了一种多重复合的内部结构，如此才能应对错综复杂的当下中国，并为将来的变革提供各种可能的选项。

其实早在2002年"八二宪法"颁行二十周年之际，国家领导人就已经明确指出了这种复合结构："发展社会主义民主政治，最根本的是要把坚持党的领导、人民当家作主和依法治国有机统一起来。"[2] "统一起来"意味着三者之间并非

---

[1] 田飞龙博士认为，人民主权在"八二宪法"上有三个"肉身"："基于真理的党的领导代表制＋基于程序的人民代表大会制＋非代表制的参与民主制"，所谓的"非代表制的参与民主制"即政治协商会议。但笔者认为这个论断有待商榷：第一，"领导"与"代表"是两套完全不同的政治原则，所谓的"领导代表制"不但无助于问题的澄清，反而会遮蔽问题的实质；第二，在宽泛的意义上，可以说政治协商会议体现了参与式民主，但需要注意的是，政治协商会议本质上是党际之间的磋商机制，虽然它的使命是成就主权结构，但并不在主权结构之中。田飞龙博士的相关论述参见高全喜、田飞龙《〈八二宪法〉与现代中国宪政的演进》，载《二十一世纪》2012年6月号，总第131期，第22、25页。

[2] 胡锦涛：《在纪念宪法施行二十周年上的讲话》，2002年12月4日。

自然天成，而是存在着某些需要弥合的东西。

"八二宪法"的多重复合结构中，统一战线和政治协商会议最具中国特色，虽然可以比附共和主义传统，有阶级共和的影子，但其直接的思想渊源很难追溯到罗马共和的制度与实践。统一战线和政治协商会议是党多年革命斗争的经验总结，就党的斗争策略而言，确实可谓一大法宝。其实就宪法本身而言，所谓党的领导，或"中国人民在中国共产党的领导下"，实际上是通过统一战线和政治协商会议实现的，从"五四宪法"开始，宪法就牢牢地确立了党对统一战线的领导权。[1]

领导权的实现是双重的：一方面通过统一战线广泛的代表性，从而将领导权延伸到不同的阶级、基层和群体；另一方面，也是更为重要的，通过政治协商会议的隔离作用，使得党际之间的分歧在人民代表大会召开之前化解，从而使得统一的意志能够进入人民代表大会中，每年党的会议、政协会议和人民代表大会召开的时间顺序就可见一斑。

正是由于上述统一战线和政治协商会议的特殊地位和职能，"党—人民代表大会"这一主权结构才得以形成，但这一主权结构并非所谓的"二元代表制"，因为党并不代表人

---

[1] 其实早在《共同纲领》制定时，党对统一战线的领导权就已经确立了，只是在《共同纲领》中以"以工人阶级为领导"作了迂回表述而已。在1949年9月30日通过的《中国人民政治协商会议第一届全体会议宣言》中，不但明确提及"中国共产党领导"，甚至提及"在人民领袖毛泽东主席领导之下"。参见政协全国委员会办公厅编《开国盛典——中华人民共和国诞生重要文献资料汇编》，第536页。

民,而是领导人民,只有人民代表大会才是法律意义上的人民代议机关。党的领导实际上是以阶级的区分和排序作为前提条件的,按照马克思主义的理论,是以党的先进性作为保障的,因此是一种政治领导;而人民代表大会是建立在平等的公民身份之上的。理解这一特殊的主权结构的关键点是领导原则与代表原则的区分,以及代表原则如何被领导原则所改造——这一改造主要是思想层面上的,但更依赖于一套复杂的选举技术,由此呈现出一党执政国家的极其特殊的政治结构,即党的权力组织系统和国家的权力组织系统的同构性,对这一同构性的揭示和研究,有助于我们理解中国宪制的本质和未来。

依法治国、私有产权和人权固然体现在具体的法律制度和实践中,但其规范意义仍值得重视。法治、私有产权与人权一旦进入宪法,就具有了规范的力量,而不是空洞的教条,因为它们在实践层面上改变了宪法赖以运作的社会结构,在思想结构上改变了我们对宪法的解释。例如,"反革命"修改为"危害国家安全","戒严"修改为"紧急状态";再比如,在解释宪法之中的"专政"一词时,就必须要使得作出的任何解释能够经得住法治与人权的拷问,专政这个概念慢慢地从对阶级敌人的随意处理转化为对犯罪分子的依法处罚;[1]而

---

[1] 彭真:《关于中华人民共和国宪法修改草案的报告》,在 1982 年 11 月 26 日第五届全国人民代表大会第五次会议上的报告。

"阶级斗争",更不再是正面提倡,而是避之而不及。对宪法中的其他条文的解释,包括对主权各要素结构关系的解释,同样要顾及法治、私有产权与人权的基本原则。这里的改变不是立竿见影的,理论与实践上常常产生巨大鸿沟,但这里的改变是潜移默化的,且一旦改变就具有永久的力量。

就新宪制设计对"八二宪法"思想结构的改变来说,涉及一个基本的宪法问题,即我们应该如何对待宪法之中那些本质上相互冲突或抵牾的原则和价值,比如民主与违宪审查、自由与平等、公平与效率等等。当然,对于"八二宪法"来说,就是前面所揭示的这种多重复合结构。对此问题,德沃金提倡的整体性的融贯解释值得重视。在德沃金看来,宪法之中内化了诸种不同的原则或价值,一旦它们被内化到宪法之中,它们就必须在宪法的整体框架内进行解释,应该在其他价值的关照下理解每一种价值,"不是分等级地组织它们而是以立体网络的形式组织它们",必须将它们视为一个更具包容性的价值结构中的一部分,对任何一个概念的解释,都需要参照这个结构中的其他概念,否则就破坏了宪法的整体性和内部融贯性。[1] 对"八二宪法"的解释同样如此,必须将其放置在这个多重复合结构中整体性地理解。

任何一部宪法都是一个内在矛盾的体系,而宪制的意义

---

[1] [美]罗纳德·德沃金:《身披法袍的正义》,周林刚、翟志勇译,北京大学出版社2010年版,第184页。

就在于将诸多矛盾统一起来，并通过宪法解释、宪法诉讼等措施，在立宪体制内遮蔽或化解。"八二宪法"是一部多重复合宪法，也正因为其复合性，它才能同时应对大变革时期如此错综复杂的局面，也就是说，每一层宪制结构应对各自不同的问题，发挥各自不同的功用，其间的抵牾与悖论在所难免，但也并未因此使得一层结构完全压倒或吸纳其他结构，而是处于不断的妥协和重组之中，在某个时段某个问题上某层结构占主导，在另外一个时段的另外一个问题上则是另一层结构占主导，这是大变革时代的吊诡之处，充斥着各种人为的辩证法。

无论是"八二宪法"的过渡性还是临时性，其能够存在并发挥作用的内在机理，都在这个复合的宪法结构中。而我们对于"八二宪法"的或褒或贬，对于当下宪制本质的探究和未来宪制设计的畅想，无以回避的出发点，正是这个历史地叠加生成的多重复合结构。

原载《华东政法大学学报》2012年第6期

监察委员会与"八二宪法"体制的重塑

一 合署办公

2016年11月7日,中共中央办公厅印发《关于在北京市、山西省、浙江省开展国家监察体制改革试点方案》(以下简称《方案》)。《方案》强调:

> 国家监察体制改革是事关全局的重大政治改革,是国家监察制度的顶层设计。深化国家监察体制改革的目标,是建立党统一领导下的国家反腐败工作机构。

12月25日,第十二届全国人民代表大会常务委员会第二十五次会议通过《关于在北京市、山西省、浙江省开展国家监察体制改革试点工作的决定》(以下简称《决定》)。《决定》对试点工作进行了具体部署，并再次强调：

> 实行监察体制改革，设立监察委员会，建立集中统一、权威高效的监察体系，是事关全局的重大政治体制改革。

《方案》和《决定》成为指导监察体制改革的规范性文件。

对于此次监察制度改革，学界已经作了诸多富有启发性的探讨，讨论了监察体制改革的前因后果以及可能涉及的宪制基础及其正当性问题，为监察制度改革提供了理论解说和制度构想。[1] 本文将在此基础上，关注此次改革中的一个惯常但却又非常重要的问题，即《方案》中所强调的"党的纪律检查委员会、监察委员会合署办公"，[2] 也就是通常所说的"一

---

[1] 重要的论述可以参见秦前红《困境、改革与出路：从"三驾马车"到国家监察》，《中国法律评论》2017年第1期，第176—182页；马怀德《国家监察体制改革的重要意义和主要任务》，《国家行政学院学报》2016年第6期，第15—21页；童之伟《将监察体制改革全程纳入法治轨道之方略》，《法学》2016年第12期，第3—13页；童之伟《对监察委员会自身的监督制约何以强化》，《法学评论》2017年第1期，第1—8页；王旭《国家监察机构设置的宪法学思考》，《中国政法大学学报》2017年第1期。

[2] 为什么设立"监察委员会"而非"监察院"，目前未见权威的解释。或许是因为中国共产党历史上曾经设立过监察委员会，其职能类似今天的纪律检查委员会，或许是因为1949年《中央人民政府组织法》中曾设立人民监察委员会，也或许是因为合署办公，两个委员会更容易匹配。叫"监察委员会"，也使其更类似于同样是合署办公的中央军事委员会。关于党的历史上的监察委员会、（接下页注）

套人马两块牌子"或"一个机构两块牌子"。毫无疑问，这是对现行的党的纪律检查委员会和行政系统的监察机关合署办公的承继，[1]但此次监察体制改革在国家层面上涉及"八二宪法"体制的变革，因此合署办公具有重大的宪制意义，昭示着"八二宪法"体制的重塑。

在中国的政法体制中，一套人马两块牌子甚至三块牌子并不少见，某种意义上讲，这已经成为制度惯例。这种情况可能发生在行政系统内部，如国家国防科工局、国家航天局、国家原子能机构合署办公，一套人马三块牌子；也可能发生在行政机关与非政府组织之间，如国家体育总局、中华全国体育总会和中国奥委会合署办公；还有一种最重要也是最特殊的是党政（国）机关合署办公，最典型的是中华人民共和国中央军事委员会和中国共产党中央军事委员会合署办公，再比如国务院新闻办公室与中央对外宣传办公室、国务院台湾事务办公室与中央台湾工作办公室、国家档案局与中央档案馆合署办公。[2]

（接上页注）纪律检查委员会与国家历史上的人民监察委员会、监察部的分分合合，参见参见徐理响《现代国家治理中的合署办公体制探析——以纪检监察合署办公为例》，《求索》2015年第8期，第10—11页；马怀德《国家监察体制改革的重要意义和主要任务》，《国家行政学院学报》2016年第6期，第18页。

[1] 关于纪委与监察部门合署办公的一个初步探讨，参见徐理响《现代国家治理中的合署办公体制探析——以纪检监察合署办公为例》，《求索》2015年第8期，第9—13页。

[2] 资料来源：网易2014年全国两会专题"一套人马两块牌子的中央机构"，http://news.163.com/special/ytbz/，2017年2月5日访问。

党政（国）机关的合署办公源于中国特殊的政党制度与国家体制，一方面要坚持党在政治上、思想上、组织上的领导，一方面又坚持人民当家作主，这样一种辩证统一关系催生出中国特色的政法体制，党的机构与国家机构既相互关联又有所分别，并在宪法中得以体现。这是探讨监察体制改革和监察委员会设立的宪制基础，而这一宪制基础也必将被监察体制改革重新塑造。

合署办公不是简单在物理空间上的"合署"，还涉及人事、组织、机制上的"合署"，"一套人马"其意在此。合署办公也不意味着合并，但凡合署办公，双方或三方一定有不同的性质或分属不同的组织或权力体系，没法完全地合并，只能"合署"，"两块牌子"其意在此。因此，合署办公的主体就同时兼具两种属性。党的纪律检查委员会和监察委员会合署办公，意味着既要遵循党规又要遵循国法，依规治党与依法治国同时并举。

本文认为，监察体制改革是事关全局的重大政治改革，必然触及"八二宪法"体制的重大变革。"八二宪法"体制的核心是"党的领导、人民当家作主与依法治国的有机统一"，这是监察委员会设立的宪制基础，而监察委员会的监察权则来源于人民的赋权，监察委员会的设立不仅使人民的监督权得以集中统一机制化，而且可能昭示着"八二宪法"体制的结构性变革，使得作为政治原则的"党的领导、人民当家作主与依法治国的有机统一"开始走向法权结构化。

二 "八二宪法"体制

在讨论监察委员会的设立可能导致"八二宪法"体制重塑之前，有必要先讨论一下"八二宪法"体制。20世纪中国革命的重大遗产是中国共产党领导中国人民建立了中华人民共和国，从而形成中国共产党与中国人民、中国共产党与中华人民共和国之间非常特殊的政治关系。对于这种特殊的政治关系，除了一套非常复杂的政治话语之外，宪法文本或者说宪制结构上也得到了部分体现，无论"五四宪法"还是"七五宪法"和"七八宪法"，抑或"八二宪法"，制宪的核心议题是将这种政治关系进行某种程度的法律化表达，赋予此种政治关系一种宪制结构。中国宪法史的核心议题正在于此。

本文将讨论此种政治关系在"八二宪法"中所呈现出来的宪制结构，主要体现在宪法序言和正文的前三条中。这种宪制结构在主权的层面上有三个重要的维度：

第一，宪法序言中所宣告的"中国人民掌握了国家的权力，成为国家的主人"，这是人民主权原则的中国式表述，通常简化表述为"人民当家作主"；

第二，宪法序言中所宣告的"中国共产党领导中国各族人民……"和"中国各族人民将继续在中国共产党领导下……"，这是20世纪中国革命的历史遗产，通常简化表述为"党的领导"。此外，宪法序言还规定了"中国共产党领导的多党合作和政治协商"，其基础是爱国统一战线，其组织形式是中国人民政治协商会议。由于新中国特殊的建国历程，统一战线与政治协商实际上是前两个维度派生出来的，爱国统一战线扎根于人民之中，而中国人民政治协商会议曾经是新中国的制宪会议，现在是中国共产党所领导的多党合作和政治协商的组织形式，爱国统一战线与中国人民政治协商会议介于党的领导与人民当家作主之间。因此，这一宪制结构通常被称为人民当家作主与党的领导的辩证统一。[1]

第三，由于1999年宪法修正案将依法治国原则写入宪法，这一宪制结构增加了第三个维度，2002年"八二宪法"颁行二十周年之际，国家领导人明确提出"发展社会主义民主政治，最根本的是要把坚持党的领导、人民当家作主和依法治国有机统一起来"。[2] 这一提法目前已经固定下来，成为标准讲法。"人民当家作主"体现了民主原则，"依法治国"体现了法治原则，而"党的领导"是中国革命的特殊遗产，因此，"八二宪法"体制可以表述为党的领导、人民当家作主与依法治国的辩证统一。[3]

---

[1] 法学界尚未对党的领导与人民当家作主的辩证统一进行充分的理论化处理，这一辩证统一目前主要停留在政治层面上，法学界如何对此进行理论化处理并作出具体法权安排，依然是有待完成的艰巨任务。一个初步的讨论，可参见周林刚《党的领导与人民主权的结构》，《环球法律评论》2013年第5期，第27—30页。

[2] 胡锦涛：《在纪念宪法施行二十周年上的讲话》，2002年12月4日。

[3] "八二宪法"体制的历史生成及其辩证统一的内在结构，详尽的讨论可以参见《"八二宪法"的生成与结构》。本文更倾向于使用"辩证统一"而非"有机统一"，因为"辩证"一词更能展现三者之间的内在张力，这种张力是"八二宪法"体制的生命力所在。

"八二宪法"体制的核心是党与人民之间的关系。陈端洪教授认为,"八二宪法"有五个根本法,第一根本法就是"中国人民在共产党的领导下",不过这一格式化的表述并非宪法中的原文,宪法中的具体表述为"中国共产党领导中国各族人民"和"中国各族人民将继续在中国共产党领导下"。请注意,这里用的是"中国各族人民"而非"中国人民"。宪法序言中同时使用了"中国各族人民"(五次)和"中国人民"(六次)两个概念,这个区分肯定不是笔误,而是有意为之。

本文认为两者的区别在于:使用"中国各族人民"考虑的是中国是一个统一的多民族国家,用以替换少数民族代表主张的"中国各民族",指代的是一个历史地生成的具体的集合体;而"中国人民"这个概念都是在"敌我"对立关系中来使用,涉及中国作为社会主义国家的本质,中国人民掌握了国家的权力,成为主权者,是一个抽象的拟制的存在。这或许可以解释为什么党领导的只能是"中国各族人民"而非"中国人民",主权者无须也不能被领导,宪法序言中的这个区分有重大的政法意义,有待进一步的阐发。[1]

陈端洪教授的格式化表述"中国人民在共产党的领导下",并没有注意到这个区分的重要政法意义,虽然他在后

---

1 一个初步的讨论,可参见翟志勇《宪法中的"中国":对民族国家与人民共和国意象的解读》,《文化纵横》2010年第6期,第75—81页。

面的论述中指出这一格式化的表述包含辩证统一的两个方面，但只有注意到"中国各族人民"和"中国人民"的上述区别，才能更好地理解和阐发辩证统一之中的巨大张力。

陈端洪教授借用施米特的说法，认为权力分配原则是第一根本法，是绝对宪法。中国宪法的权力分配原则体现在两个条款中：第一条，"中华人民共和国是工人阶级领导的、以工农联盟为基础的人民民主专政的社会主义国家"；第二条第一款，"中华人民共和国的一切权力属于人民"。陈端洪教授由此得出结论说，"中国宪法的第一根本法包含两方面——人民民主与专政，是共和主义与共产党的领导两个原则的辩证统一"。[1] 共和主义有复杂的历史传统和政治内涵，人民民主未必可以视为共和主义原则的体现，[2] 而专政这个概念也未必能够涵盖党的领导，[3] 因此，本文认为这个概括需要作一些修正，中国宪法第一根本法需要将宪法序言和正文第一、二、三条结合起来看，那就是人民当家作主和党的领导的辩证统一，而"中国人民在共产党的领导下"显然还不足

---

1 陈端洪：《制宪权与根本法》，中国法制出版社2010年版，第284页。
2 或许陈端洪教授使用"人民民主"这个概念时有特殊所指，但就这个概念的历史来看，无疑要纳入马克思主义的传统中来理解，人民民主是社会主义民主的不完美复制。参见[美]乔万尼·萨托利《民主新论》，冯克利、阎克文译，上海人民出版社2009年版，第509—512页。关于共和主义的传统及意义结构，参见刘训练《共和主义：从古典到当代》，人民出版社2013年版；[美]菲利普·佩迪特《共和主义：一种关于自由与政府的理论》，刘训练译，江苏人民出版社2006年版。
3 关于中国宪法中的专政概念的内涵及意义变迁，参见周林刚《我国宪法上的专政概念与平等原则》，《中国法律评论》2016年第4期，第107—121页。

以概括这个辩证统一。

在识别出第一根本法之后,陈端洪教授认为:

> 中国宪法与政治理论的当务之急是建立一种关于"中国人民在中国共产党的领导下"的法权结构的理论,政治法权结构必须体现为一种具体的宪法结构,而不能停留在现在的绝对宪法和宪法律相分离的水平上。……这里说的绝对宪法和宪法律分离,就是指共产党的领导权和国家权力的组织没有在宪法律上形成一种具体的结构。宪法学上介绍的权力组织和流程仅仅限于"国家机关",无法将权力的分配原则和权力的组织原则衔接、协调起来。[1]

陈教授的这个论断可谓切中肯綮。简单来说,如果中国宪法第一根本法是党的领导与人民当家作主的辩证统一,那么,人民当家作主已经在宪法第一章"总纲"和第三章"国

---

[1] 陈端洪:《制宪权与根本法》,中国法制出版社2010年版,第285—286页。这里需要说明的是,陈端洪教授虽然借用了施米特的概念,但用法与施米特却不尽相同。施米特认为现代宪法包含政治要素和法治国要素,前者指的是政治形式即政体,君主制、贵族制还是民主制,后者包含两个原则,即分配原则(也称为基本权原则,个人自由被预设为先于国家存在并且原则上不受限制)和组织原则(也称为权力分立原则,国家权力由几个机构共同分享并被纳入一个受限定的权限系统中)。因此陈端洪教授这里的"权力分配"原则同时涉及施米特论述中的政治要素和法治国要素中的组织原则,但无涉分配原则。施米特的论述参见[德]卡尔·施米特《宪法学说》,刘锋译,上海人民出版社2005年版,第139、213—218页。

家机构"中得到具体的法律化，但党的领导依然留在宪法序言的原则性表述之中，因此，人民当家作主与党的领导的辩证统一也就未能具体化为某种特定的法权结构和法权关系。"八二宪法"仅在宪法序言中宣告了党的领导，党并未作为一个权力机构进入宪法正文中，不过本文后面会论述到，党的个别部门以合署办公的方式进入宪法正文中，成为国家权力机构。换句话说，党与人民之间的关系是一种政治关系，尚未完全落实为一种法权关系。

关于党的领导，中国共产党第十三次全国代表大会上的报告认为："党的领导是政治领导，即政治原则、政治方向、重大决策的领导和向国家政权机关推荐重要干部。党对国家事务实行政治领导的主要方式是：使党的主张经过法定程序变成国家意志，通过党组织的活动和党员的模范作用带动广大人民群众，实现党的路线、方针、政策。"中国共产党第十五次全国代表大会上修改通过的党章在总纲中则规定，"党的领导主要是政治、思想和组织的领导"，这一规定成为日后政治话语中有关党的领导的标准说法。[1]但无论是政治领导还是思想和组织领导，仍然是广义上的政治领导，均未得到明确的法律化，因此主要是事实上的领导，而非法律上的领导权。最近这几年开展的党内立法工作，在笔者看来可谓上

---

[1] 现在也有一种新的提法叫"党政军民学，东西南北中，党是领导一切的"，参见《王岐山北京代表团审议：只有党政分工，没有党政分开》，http://www.guancha.cn/politics/2017_03_06_397295.shtml，2017 年 3 月 8 日访问。

述领导原则法律化的一种尝试，但仍然尚未解决的问题是，这种领导原则及其法律化如何与国家法律相衔接，由此催生出党法关系、党规与国法关系等一系列悬而未决的问题。[1]

综上所述，"八二宪法"体制在主权层面上的核心问题是：第一，"八二宪法"内含着一个复合的主权结构，即党的领导与人民当家作主的辩证统一；第二，这一复合结构依然只是一种政治原则，尚未具体化为明确的法权结构，也就是说，尚未在依法治国的框架内得以具体地法律化。

因此，如何将党的领导法权结构化并且与人民主权的法权结构相衔接，是中国宪法研究所要解决的首要问题，也是最困难的问题，由此也催生出各种各样的理论尝试，如高全喜教授的政治宪法学论说，陈端洪教授的二元代表制，强世功教授的不成文宪法与党章宪法论，柯华庆教授的党导立宪制。[2] 这些学说均触及这个核心问题，并作出不同的理论阐发，但这些学说依然只是理论层面的思考，尚未提出某种具体化

---

[1] 一个集中的讨论，参见强世功《从行政法治国到政党法治国——党法和国法关系的法理学思考》，《中国法律评论》2016年第3期，第35—41页；支振锋《党内法规的政治逻辑》，《中国法律评论》2016年第3期，第42—46页；屠凯《党内法规与国家法律共处中的两个问题》，《中国法律评论》2016年第3期，第47—51页。

[2] 高全喜：《政治宪法学纲要》，中央编译出版社2014年版；陈端洪：《宪制与主权》，法律出版社2007年版；强世功：《中国宪法中的不成文宪法——理解中国宪法的新视角》，《开放时代》2009年第12期，第10—39页；强世功《党章与宪法：多元一体法治共和国的建构》，《文化纵横》2015年8月号，第18—29页；柯华庆：《中国共产党领导权的法理基础》，http://www.aisixiang.com/thinktank/kehuaqing.html，2017年3月8日访问。

的法权结构安排。

实践再次走到了理论研究的前面，监察体制改革和国家监察委员会的设立直接触及这个核心问题。与之前各种司法改革不同，监察体制改革将涉及"八二宪法"体制的重大变革，并且这一体制变革有别于"八二宪法"之前的四次修改，不仅因为这次变革将涉及"八二宪法"第三章"国家机构"的重构，更重要的是，这将是"党的领导与人民当家作主辩证统一"的法权结构化的一次重要尝试，将部分弥合绝对宪法与宪法律之间的分离，因此可能引发"八二宪法"体制的重塑。当然，这里所谓的"重塑"，是一种中性的描述，可能有积极的意义，也可能有消极的意义。

三　监察委员会的宪制意义

在有关监察委员会的讨论中，学者们大多指出将来会修改宪法，设立由全国人民代表大会选举产生的国家监察委员会，变"一府两院"为"一府两院一委"或"一府一委两院"。但如果进一步深入讨论，这"一委"因其"合署办公"，有别于之前的"一府两院"，其党与国一体化的特殊性质具有重要的宪制意义。

在"八二宪法"体制下，全国人民代表大会由民主选举产生，对人民负责，受人民监督，是最高国家权力机关，国家行政机关、审判机关、检察机关都由人民代表大会产生，对它负责，受它监督。但在宪法第三章"国家机构"中，有两个国家机构比较特殊，一个是国家主席，一个是中央军事委员会，它们不属于上述国家行政机关、审判机关和检察机关。[1] 国家主席由全国人民代表大会选举产生，但并不对全国人民代表大会及其常务委员会负责和报告工作，这或许是因为在传统的理论中，国家主席与全国人民代表大会常务委员会共同履行国家元首职责。[2] 国家元首是国家的象征和代表，不应对其他机构负责和报告工作。全国人民代表大会选举中央军事委员会主席，根据中央军事委员会主席的提名，决定中央军事委员会其他组成人员的人选。但宪法规定中比较特别的地方在于，中央军事委员会主席而非中央军事委员会对全国人民代表大会和全国人民代表大会常务委员会负责，但并不报告工作。为什么是主席负责而非委员会负责，或许跟委员会特殊的军事性质有关。此外，宪法中也没有明确规定国家主席和中央军事委员会主席受全国人民代表大会的监督。

---

[1] 国家主席的权力（元首权）和军事权是否属于行政权值得探讨，但无论其权力属性如何，国家主席和中央军事委员会都不属于我们通常所谓的"行政机关"。

[2] "五四宪法"制定时，关于是否设立国家主席、国家主席是否国家元首以及国家主席与全国人民代表大会的关系问题，曾发生激烈争论。刘少奇在《关于中华人民共和国宪法草案的报告》中指明："适应我国的实际情况，并根据中华人民共和国成立以来建设最高国家权力机关的经验，我们的国家元首职权由全国人民代表大会所选出的全国人民代表大会常务委员会和中华人民共和国主席结合起来行使。我们的国家元首是集体的国家元首。"这一论断成为中国国家元首制的正统说法。具体讨论参见翟志勇《国家主席、元首制与宪法危机》，《中外法学》2015 年第 2 期，第 349—366 页。

除了上述宪法上的特殊规定之外，国家主席和中央军事委员会的特别之处还在于，这两个机构都是党和国家一体化的，虽然它们形成的方式不同。

早在1980年，邓小平在《党和国家领导制度的改革》这篇讲话中就已经为"八二宪法"的制定提出了指导原则，这篇讲话的核心是"权力不宜过分集中"，"兼职、副职不宜过多"，"着手解决党政不分、以党代政的问题"。邓小平明确指出："关于不允许权力过分集中的原则，也将在宪法上表现出来。"[1] 因此，"八二宪法"制定之初实际上是个分权体制，党政军的一把手要分开，表现为党的总书记、国家主席、国务院总理、中央军事委员会主席分别由不同的人担任。

但到了八十年代末，宪法实践中逐步演化出"三位一体"的最高领导人体制，即党的总书记、国家主席、中央军委主席由同一人担任。但由于"八二宪法"中国家主席是虚位设置，"三位一体"的最高领导人对内政和外交并无制度上的权力。2004年修改宪法，规定国家主席"进行国事活动"，事实上赋予国家主席外交权。[2] 此外，通过中央经济工作领导小组、中央外事工作领导小组，特别是十八届三中全会后成立的一

---

1 参见《邓小平文选》（第二卷），人民出版社2002年版，第321、339页。
2 王兆国在《关于〈中华人民共和国宪法修正案（草案）〉的说明》中指出："作这样的规定，主要的考虑是：当今世界，元首外交是国际交往中的一种重要形式，需要在宪法中对此留有空间。"更详细的分析参见江登琴《规范与现实之间：自1982年宪法以来国家主席制度的发展》，载《中国宪法年刊》（2011），法律出版社2013年版。

系列小组，"三位一体"的最高领导人事实上主导着中国的内政和外交，国务院成为具体政策的执行机构，而根据"八二宪法"的规定，国务院对全国人民代表大会及其常务委员会负责和报告工作，而非对国家主席负责和报告工作，"八二宪法"已然发生了一定程度上的结构性的变迁。[1]

"三位一体"的最高领导人体制是实践中逐步形成的宪法惯例，未来是否会成为正式的宪法体制，仍有待观望。而中央军事委员会自设立之日起就是中国共产党中央军事委员会和中华人民共和国中央军事委员会合署办公，两者合二为一的，也就是说党和国家一体化，作出这样的安排主要源于历史教训。

"五四宪法"规定国家主席统率全国武装力量，同时中国共产党内中央军事委员会统率全国武装力量，当国家主席和中国共产党中央军事委员会主席由同一人担任时，两者相安无事，但由不同人担任时，就形成了所谓的"两个司令部"。毛泽东卸任国家主席后就出现了这种情况：根据宪法规定，国家主席刘少奇统率全国武装力量；根据中国共产党的传统，中国共产党中央军事委员会主席毛泽东统率全国武装力量。

"七五宪法"和"七八宪法"废除了国家主席，直接规定"中国共产党中央军事委员会主席统率全国武装力量"（第

---

[1] 参见翟志勇《小组政治与"三位一体"的最高领导人体制》，载许章润、屠凯、李一达主编《国家建构与法律文明》，法律出版社2016年版，第470—487页。

十五条第二款)。"八二宪法"制定时吸取历史教训，则采取合署办公的模式，"一套人马两块牌子"，算是暂时化解了这一宪制危机。中央军事委员会的组成人员先由中国共产党中央委员会决定，再经全国人民代表大会选举和决定。党的总书记/国家主席担任中央军事委员会主席已经成为宪法惯例。

花费如此多的笔墨作上述铺垫，目的是指出，宪法第三章"国家机构"中的中央国家机构实际上有两种不同的类型：

一类是党和国家一体化的国家主席和中央军事委员会，虽然由全国人民代表大会选举产生，但并不对其负责和报告工作，也不受其监督；

一类是国务院、最高人民法院和最高人民检察院，通常所说的"一府两院"，由全国人民代表大会选举产生，对其负责并报告工作，受其监督。[1]

而即将成立的国家监察委员会同时兼具这两类国家机构的某些特性，按照《方案》和《决定》中的原则性规定，国家监察委员会因其合署办公而是党和国家一体化的，同时，国家监察委员会由全国人民代表大会选举产生，对其负责，受其监督。虽然没有提"报告工作"，但按照最高人民法院

---

[1] 宪法中只规定最高人民法院和最高人民检察院对全国人民代表大会及其常务委员会负责，并未规定报告工作。《人民法院组织法》中规定"最高人民法院对全国人民代表大会和全国人民代表大会常务委员会负责并报告工作"（第十七条），《人民检察院组织法》中规定"最高人民检察院对全国人民代表大会和全国人民代表大会常务委员会负责并报告工作"（第十条），两部组织法都是 1979 年制定的，两部组织法中均规定"报告工作"，但"八二宪法"中却没有规定，不知原因所在。

和最高人民检察院在全国人民代表大会上作工作报告的惯例，将来国家监察委员会也应该向全国人民代表大会作工作报告，如果不报告工作，实际上意味着国家监察委员会更类似于党和国家一体化的国家主席和中央军事委员会，而非"一府两院"。

监察委员会这样一种特殊的性质，具有什么宪制意义呢？前述已经指出，"八二宪法"体制的核心问题是，"党的领导与人民当家作主的辩证统一"只是一项政治原则，尚未落实为具体的法权关系，合署办公的监察委员会的设立则在一定程度上将这种政治关系法律化。监察委员会的监察权无论定性为行政权还是定性为一种新的权力类型，最终的来源均是人民的授权。宪法第三条第二款规定："全国人民代表大会和地方各级人民代表大会都由民主选举产生，对人民负责，受人民监督。"第三款规定："国家行政机关、审判机关、检察机关都由人民代表大会产生，对它负责，受它监督。"这里存在着一个权力赋予与监督的链条：人民—人民代表大会—行政机关、审判机关、检察机关。将来的监察机关将与此处的行政、审判、检察机关并列，因此，监察委员会的监察权最终来源于人民，对人民负责，受人民监督。

人民将权力赋予国家机关后，如何来监督国家机关及其工作人员是否恰当地行使权力呢？宪法第四十一条规定："中华人民共和国公民对于任何国家机关和国家工作人员，有提出批评和建议的权利；对于任何国家机关和国家工作人员的违法失职行为，有向有关国家机关提出申诉、控告或者检举的权利，但是不得捏造或者歪曲事实进行诬告陷害。"抽象的人民的监督权在这里被具体化为公民的批评、建议、申诉、控告、检举权，在现行的制度框架内，信访、纪检、巡视、行政监察、检察、行政诉讼等制度为人民行使监督权提供了制度通道，国家监察体制改革则试图为人民行使监督权建立更为集中统一、权威高效的机制：监察委员会的权力基础是人民的监督权，人民授权监察委员会来集中统一行使。因此，监察委员会是人民赋权的国家权力机关，也是人民赋权监察国家权力机关工作人员的国家权力机关。

监察委员会的权力来源是人民的赋权，但又要坚持党的统一领导，因此可以从三个层面来理解监察委员会设立所带来的"党的领导与人民当家作主的辩证统一"这一政治原则的法律化：

第一，监察委员会与被监察对象即"所有行使公权力的公职人员"之间的关系将法律化。原来党的纪律检查委员会与党员之间的关系是党内关系，党的纪律检查委员会与国家公职人员之间的关系是政治关系，将来会转变为国家监察机关与被监察对象之间的法律关系，相应的监察手段也应该通过《监察法》或相关法律具体化，比如"双规"可能会改为留置，并对留置的时间和措施等加以具体明确的法律规定，赋予当事人寻求法律救济的途径；

第二，监察委员会与其业务上有关联的其他国家机关之间的关系将法律化，其中主要是与检察院之间的关系。监察委员会设立后，检察院对职务犯罪的自侦权将转隶监察委员会。监察委员会与检察院之间的关系是调查/侦查与审查起诉的关系，将会受到《刑事诉讼法》和可能制定的《监察法》的调整；

第三，监察委员会与产生和监督它的人民代表大会之间的关系将法律化。党的纪律检查委员会是党内机关，不受国家权力机关的监督，而监察委员会是由人民代表大会产生的，对其负责受其监督，将来应该完善法律，明确人民代表大会及其常委会监督监察委员会的具体途径，比如赋予人大及其常委会质询权。监察委员会可以监察行使公权力的人大代表，但人民代表大会作为国家权力机关，必须有监督和制约监察委员会的权力和途径。党和国家的治理体系包括依规治党和依法治国两个方面，监察体制改革使得依规治党纳入依法治国的轨道上，在原来党政合一的纪检监察体制中，政府的监察机关被吸纳到党的纪检机关中，而监察委员会的设立，应该使党的纪检机关被吸纳到国家监察机关中，政治关系将转变为法律关系。

回溯一下"八二宪法"制定以来的变迁史，考虑到中央军事委员会的特殊性质，考虑到"三位一体"最高领导人体制的逐步形成，考虑到小组治理在事实上重塑了"八二宪法"体制下内政和外交权力格局及其对国务院地位的影响，考虑到国家监察委员会合署办公的性质及其对检察体制的冲击，我们或许可以作一个大胆的预测，"八二宪法"体制已然发生一定程度上的权力结构变迁。监察委员会的设立则昭示着未来变迁的方向，也就是说"党的领导与人民当家作主的辩证统一"将进一步法权结构化。暂且不论这一变迁的消极意义，这一变迁的积极意义在于，党的领导将逐步被法权化，纳入宪制结构中，从而使得"党的领导、人民当家作主与依法治国的有机统一"不再是一种政治宣示和政治原则，而成为一种宪制结构，并为宪制结构的进一步演进打下基础。监察委员会的设立是一次重要的尝试，其宪制意义值得认真对待。

四 结语

我国社会主义宪法的重要传统之一是历史主义：一方面，宪法序言均以历史叙事起笔，从历史发展脉络中汲取合法性资源，将主权者的决断建立在对历史的理性认知上；一方面，宪法本身的更迭也标识着每部宪法的时间属性。《共同纲领》具有临时性，"五四宪法"具有过渡性，"七五宪法""七八宪法"具有阶段性，"八二宪法"则以序言中"我国将长期处于社会主义初级阶段"标示着自己"遥遥有期"的时间属性，以至于"八二宪法"也被视为"过渡政体下的临时宪法"。社会主义宪法的历史主义传统意味着宪法都是阶段性产物，旨在完成阶段性的任务，实现阶段性的目标，但作为阶段性产物的宪法却又总是有一个普遍性的指向，指向某种完满恒定的状态。也就是说，社会主义宪法的历史主义传统意味着宪法是不断向前发展的，这种不断自我更新的内在要求是社会主义宪法的生命力所在。

如上所述，"八二宪法"体制的核心是"党的领导、人民当家作主与依法治国的辩证统一"，这一复合结构本身就是历史演进的产物，至少直到1999年修宪，依法治国原则才加入这一复合结构之中。如果我们将这个"三统一"的复合结构称之为"八二宪法"的主权机构，那么，这是一个"时间化的主权结构"，"党的领导与人民当家作主的辩证统一，只有在一个历史进化过程中才是可理解的，犹如家长与孩子的关系只能在一种成长的眼光下才能真正被理解、被证明一样"。[1] 而在当下这个历史时段，"党的领导与人民当家作主的辩证统一"[2] 已然纳入依法治国这一历史轨道，也就是说"辩证统一"处在不断法权化的历史时点上，监察体制改革和监察委员会的设立给我们提供了一个可供检验的宪制实践，激发我们去思考此种政治关系法权化的宪制可能性及其方案。

政治关系法权化使得"八二宪法"演进到一个新的发展阶段，但这样一个新的阶段依然只不过是社会主义宪法演进

---

[1] 周林刚：《中国宪法序言正当化修辞的时间意识》，《中外法学》2016年第3期，第589页。
[2] 周林刚：《中国宪法序言正当化修辞的时间意识》，《中外法学》2016年第3期，第589页。

的某个特定历史时段,"党的领导、人民当家作主与依法治国的辩证统一"在经历过法权化的历练之后,必然要走向一个新的历史阶段,"以带点乌托邦色彩的语言来说,假如人民在历史中历经锤炼而具有了党一样的认识能力,那么党对人民的领导与人民的自我治理就直接同一了"。到了那个时候,"辩证统一"会得到真正的"统一"。回溯历史,监察体制改革和监察委员会的设立,在社会主义宪法演进史上,或许标志着一个新的时期的开始。

原载《环球法律评论》2017年第2期

监察权的宪法性质与"八二宪法"的分权体系

一 引言

2017年10月29日,中共中央办公厅印发《关于在全国各地推开国家监察体制改革试点方案》,部署在全国范围内深化国家监察体制改革的探索实践。11月4日,十二届全国人民代表大会常务委员会第三十次会议通过《关于在全国各地推开国家监察体制改革试点工作的决定》,决定在各省、自治区、直辖市、自治州、县、自治县、市、市辖区设立监察委员会,行使监察职权。早在2017年6月,十二届全国人民代表大会常务委员会第二十八次会议就对《中华人民共和国监察法(草案)》(以下简称《监察法(草案)》)进行了第一次审议,并向社会公布了草案。12月22日,十二届全国人民代表大会常务委员会第三十一次会议对《监察法（草案）》进行了第二次审议，并向社会公布了审议结果。

上述方案、决定和《监察法（草案）》都将监察委员会设定为国家监察机关，与立法机关、行政机关、司法机关并举，但都未回答一个问题，即监察机关究竟是一种什么性质的机关？监察委员会行使的监察权是一种什么性质的权力？

新华社2017年11月5日播发《积极探索实践 形成宝贵经验 国家监察体制改革试点取得实效——国家监察体制改革试点工作综述》（以下简称为《综述》），第一次对这个问题作了尝试性的回答。《综述》讲道：

> 准确把握监察委员会的定位。充分认识深化国家监察体制改革是确立中国特色监察体系的创制之举，明确监察委员会实质上就是反腐败工作机构，和纪委合署办公，代表党和国家行使监督权，是政治机关，不是行政机关、司法机关。

《综述》再次明确监察委员会实质上是反腐败工作机构，这一定位是之前的文件中反复提到的。《综述》第一次提出监察委员会是"政治机关"，不过这个说法尚不明确，我们仍然不清楚监察委员会是什么性质的政治机关。因为立法机关、行政机关、司法机关同样可以说是政治机关。监察体制改革已经在全国范围内推开，但监察机关和监察权的性质，仍未形成普遍的共识。

学术界早就意识到这个问题，并作了尝试性的探索。林彦教授认为，监察委员会属于新创设的权力单元或权力系统，但"并未创设新的权力类型。从职权调整的内容来看，三个试点地区的国家监察委员会所获得的职权主要是来自原行政系统中的监察权和检察机关调查职务犯罪的职权。易言之，尽管国家监察委员会是一个全新的机构，但其所拥有的职权并非创新所得。这些权力也并未超出'一府两院'架构下行政权、检察权的外延"。[1] 也就是说，一个新创设的权力单元综合行使了行政权和检察权的部分职能。

秦前红教授认为："监察权究竟是基于何种逻辑推演而出？又如何与权力划分理论进行协调？学者们在描述行政权的时候，总是试图调和民主制与集权制的逻辑，监察权的属性可否推及于此？在已经成熟的三种行使权力的机构之外架设国家监察机构，必须要从民主形式上进行整体考量，重新加以设计。推行国家监察体制改革，未来所设计的国家权力就区分为四大类别，分别是立法、行政、司法和监察，这里的监察权或许是一种混合型的权力，既包括了代表制民主下的代表责任（传统的议会监督权），又掌握了一定的行政调查处置权，甚至包括了一定的司法性权力。只不过，如何超越

---

[1] 林彦:《从"一府两院"的四元制结构论国家监察体制改革的合宪性路径》，《法学评论》2017年第3期，第165页。

这种理解权力配置的关系,还需要更为深入和根本的挖掘。"[1] 秦前红教授实际上将监察权视为一种独立的权力类型,只不过如何理解这种新的权力类型,特别是与行政权、司法权的关系,需要更深入的探讨。

刘茂林教授则毫不犹豫地认为:"从宪法的视角来看,国家监察委员会是在人大宪法体制下独立于行政机关、审判机关和检察机关的新的国家机构,其在宪法体制结构中将会行使一种新的国家权力类型即国家监察权。"[2]

本文在此基础上,从分权的理论基础和制度实践层面出发,在"八二宪法"权力分工体系下,进一步探讨监察权的宪法性质及其在"八二宪法"权力体制中的位置。当然,探讨的一个前提性预设是将来会修改宪法,在第三章"国家机构"中单设一节"监察委员会"。本文认为,新的分权理论和实践表明,在依据权力性质将权力分为立法权、行政权和司法权之外,有一种理论和制度倾向是依据功能创设新型权力,在权能上可能会兼具立法、行政、司法的部分权能,目的是为了实现特定的功能。传统的元首权和军事权可以在此维度上理解,而日益突出的反贪腐权力则是比较典型的此类分权形态。"八二宪法"并非严格按照立法、行政、司法三

---

[1] 秦前红:《国家监察体制改革宪法设计中的若干问题思考》,《探索》2017年第6期,第32页。
[2] 刘茂林:《国家监察体制改革与中国宪法体制发展》,《苏州大学学报(法学版)》2017年第4期,第4页。

种形态进行分权的,而是在中央层面上分设七个国家机构来行使国家权力。这个复杂的权力分工体系的特殊之处在于,部分权力是党政合一的,而部分权力是党政分立的。监察委员会与党的纪律检查委员会合署办公,因此监察权同样是党政合一的,具有双重属性。正是这种双重属性,使得监察委员会有别于"一府两院"。

二 分权的理论基础

一谈到分权,理论上经常会追溯到孟德斯鸠,如麦迪逊所言:

> 对这个问题,人们总是请教和引用大名鼎鼎的孟德斯鸠。孟德斯鸠若不是政治科学中这一宝贵原理的创始人,至少,在阐释这一原理、有效引起世人关注这一原理方面,功劳卓著。[1]

孟德斯鸠的分权理论在实践上源于对英国宪制的观察,在理论上则源于洛克的政治理论。洛克将国家权力分为立法权、执行权和对外权,但执行权和对外权辅助和隶属于立法权,立法权是最高权力,政府形式依最高权力即立法权的隶

---

1 [美]汉密尔顿等:《联邦论》,尹宣译,译林出版社 2010 年版,第 329 页。

属关系而定。

"立法权是指享有权利来指导如何运用国家的力量以保障这个社会及其成员的权力。"由于法律不需要经常制定，立法机关没有必要经常存在。更重要的是，如果制定法律和执行法律的是相同的人，"这就会给人们的弱点以绝大诱惑，使他们动辄要攫取权力，借以使他们自己免于服从他们所制定的法律，并且在制定和执行法律时，使法律适合于他们自己的私人利益，因而他们就与社会的其余成员有不相同的利益，违反了社会和政府的目的"。所以，立法权和执行权往往是分开的，执行权是经常存在的"负责执行被制定和继续有效的法律"的权力。此外还有一种权力，主要涉及"战争与和平、联合与联盟以及同国外的一切人士和社会进行一切事务的权力"，也就是对外权。但洛克认为执行权和对外权虽然有区别，但"几乎总是联合在一起的"，"它们很难分开和同时由不同的人所掌握"，否则，"就会使公共的力量处在不同的支配之下，迟早总会导致纷乱和灾祸"。[1]

洛克并没有专门谈论司法权，但从其论断中可以推断，司法权同样辅助和隶属于立法权，是执行权的一部分。如洛克说"立法或最高权力机关不能揽有权力，以临时的专断命令来进行统治，而是必须以颁布过的经常有效的法律并由有

---

[1] ［英］洛克：《政府论》（下篇），叶启芳、瞿菊农译，商务印书馆1996年版，第89—91页。

资格的著名法官来执行司法和判断臣民的权利"。[1] 因此，洛克实际上主要区分了立法权和行政权（执行权和对外权），并且行政权辅助和隶属于立法权，这与后世以美国为代表的三权分立理论有很大的不同。洛克的理论建构主要源于对英国宪制历史的观察和总结，分权的目的是为了更好地实现政府的目的，即保护公民的财产。

孟德斯鸠在谈英格兰政制时说：

> 每一个国家有三种权力：（一）立法权力；（二）有关国际法事项的行政权力；（三）有关民政法规事项的行政权力。
>
> 依据第一种权力，国王或执政官制定临时的或永久的法律，并修正或废止已制定的法律。依据第二种权力，他们媾和或宣战，派遣或接受使节，维护公共安全，防御侵略。依据第三种权力，他们惩罚犯罪或裁决私人讼争。我们将称后者为司法权力，而第二种权力则简称为国家的行政权力。

与洛克不同，孟德斯鸠明确司法权为一种独立的权力，不再从属于执行权。

---

1 ［英］洛克：《政府论》（下篇），叶启芳、瞿菊农译，商务印书馆1996年版，第84页。

> 当立法权和行政权集中在同一个人或同一个机关之手，自由便不复存在了；因为人们将要害怕这个国王或议会制定暴虐的法律，并暴虐地执行这些法律。

从这个论述看，孟德斯鸠所谓的行政权不仅仅指处理国际法事项的权力，实际上也包括在国内执行法律的权力，也就是洛克所谓的执行权和对外权。

> 如果司法权不同立法权和行政权分立，自由也就不存在了。如果司法权同立法权合而为一，则将对公民的生命和自由施行专断的权力，因为法官就是立法者。如果司法权同行政权合而为一，法官便将握有压迫者的力量。[1]

在这些论断中，立法权、行政权和司法权三权分立得到最完整的表述，因此成为三权分立最经典的论述。虽然孟德斯鸠的三权分立理论是建立在对英国宪制的误读之上的，但这种误读却创发了有关权力分立的经典理论，被后人反复引证。

国家权力分为立法权、行政权和司法权并非自古有之，而是在政治实践和理论中逐步生发出来的。古希腊、罗马和中世纪的政治理论家大多关注的是权力由谁行使，是一个人、

---

1 ［法］孟德斯鸠：《论法的精神》（上卷），张雁深译，商务印书馆2002年版，第155—156页。

少数人还是多数人，并由此界定出君主制、贵族制和民主制。混合政体理论则强调国家权力应由各阶级共同分享，这种政体有时也被称为共和制，并被视为优良政体。因此，古典的政体理论家强调的是权力在不同阶级之间的分享，而非将权力分为几种不同类型并由不同的机构行使。

但古典的混合政体理论和实践对近代早期分权理论和实践的兴起有奠基性的作用。近代的分权理论和实践主要萌发于英国，随着英国议会主权的逐步兴起：

> 在洛克和孟德斯鸠确立这种抽象的政府职能观念之前的一段时间内，主要有两种思想流派。其中一派用"权力"来描述制定或执行法律的职能；另一派采用了一种更为实际的、关于政府活动多样性的观点，它把"主权的特征"分为六个、七个甚至更多的范畴，除了制定法律之外，其中还包括诸如控制铸币或规定度量衡这类的任务。[1]

直到经由孟德斯鸠的创造性阐发，分权的理论才成熟起来。

> 在混合政体这一古代理论向现代分权学说转化中，

---

[1] [英]维尔：《宪政与分权》，苏力译，生活·读书·新知三联书店1997年版，第16页。

要注意两个主要步骤。首先是坚持特定机构应限于行使特定职能。第二是出现了对独立的司法部门的承认,这些司法部门将拥有与君主、贵族院和平民院同等的地位。这第一步是在17世纪实现的,第二步只是到了18世纪才完全实现。[1]

孟德斯鸠对分权理论的巨大贡献,正是在这第二步上,即对独立的司法部门的承认。孟德斯鸠之后,立法权、行政权和司法权三分成为经典的权力分立理论,这种分权虽然是历史地生成的,虽然最初是为了实现特定的目的而区分的,但这种三分之所以最终生成,还因为它符合了权力的一般本性。

亚里士多德在讨论建立政体的正当方法时说道:

> 一切政体都有三个要素,作为构成的基础,一个优良的立法家在创制时必须考虑到每一要素,怎样才能适合于其所构成的政体。

> 三者之一为有关城邦一般公务的议事机能(部分);其二为行政机能部分——行政机能有哪些职司,所主管

---

[1] [英]维尔:《宪政与分权》,苏力译,生活·读书·新知三联书店1997年版,第34页。

的是哪些事,以及他们怎样选任,这些问题都须一一论及;其三为审判(司法)机能。[1]

亚里士多德所述,是基于对希腊各城邦政制考察总结后提炼而来,他所要说的是一个城邦的权力涉及这样三种机能,城邦立法者在创立城邦政治时要妥善考虑这三种机能,并非是说三种机能要有三个不同的部门行使,事实上,雅典的公民大会和议事会同时行使上述三种机能。但是亚里士多德基于权力性质所作的这种区分对于近代早期三权分立理论的创立还是具有根本性的影响的,立法、行政、司法三分,实际上是依据权力性质而作出的本质性区分。这也是三权分立至今仍是经典分权模式的主要原因,但凡国家权力,都涉及这种区分,以至于梵蒂冈教皇国教皇一人行使的权力,也要作出这三种区分。[2]

三 分权的制度实践

1787年美国制宪会议上,无论是弗吉尼亚方案还是新泽西方案,无论是平克尼方案还是汉密尔顿方案,在联邦政府结构上均采取了三权分立的模式,差别仅仅在于赋予这些联

---

[1] [古希腊]亚里士多德:《政治学》,吴寿彭译,商务印书馆1997年版,第214—215页。
[2] Christoph Moellers, *The Three Branches: A Comparative Model of Separation of Powers*, Oxford University Press, 2015, p.17.

邦机构多大的权力。之所以会出现这种情况，原因在于各州的宪法基本上也都采取了三权分立的模式，就其形成的历史因素来看，无疑是英国宪制的遗产，就其形成的人为建构因素来看，可以说是孟德斯鸠分权理论的制度实践。

最终通过的美国宪法前三条分别规定了立法权、行政权和司法权。第一条第一款"本宪法所授予的所有立法权，寓于联邦议会，由参议院和众议院组成"，第二条第一款"行政权寓于美利坚联邦的一位总统"，第三条第三款"联邦的司法权寓于一所最高法院和联邦议会因时设立的下级法院"。美国宪法将孟德斯鸠经典的分权理论变成了经典的制度模式。

孟德斯鸠虽然提出三权分立，但并未提出权力制衡，美国宪法不但实现了三权分立，而且特别强调权力制衡，这是对孟德斯鸠理论的新发展。制衡的手段是在权力分立的前提下，实现权力的部分混合，例如众议院享有发起弹劾之权，参议院独享审讯所有弹劾案的权力。总统享有否决议会通过的法案的权力，副总统兼任参议院议长，在赞成票和反对票票数相当时，享有投票表决权。

这样一种权力混合方式曾遭到宪法反对者的批判，认为违反了三权分开的政治原理。为此麦迪逊撰文回应，他认为，"略微观察一下英国宪法，我们就会明白，立法、行政、司法三个部门，绝非彼此彻底分开"。"三权分开这个政治格言，并不要求把立法、行政、司法三个部门彼此彻底隔开。"对于美国宪法来说，"这些部门之间，若不像现在这样彼此联系和交织，使每个部门对另外两个部门有一份以宪法为依据的控制权，这条政治格言所要求的一定程度的分开，作为自由政府的基础，在实践中永远无法正式坚持"。[1]

因此，三权分立并不意味着三权严格对应着三个权力机构，三权在三个机构之间会有部分交织和联系，也就是说，一个权力部门可能会行使另外两种权力的部门权能，这不但不违反三权分立的政治原理，反而是三权分立的内在要求，只有这样三权分立才能成为一个稳定的结构，避免最终蜕变为一权独大。

美式三权分立虽然经典，但并非三权分立的唯一模式，只不过因为其太过经典，以至于人们经常将三权分立化约为美式三权分立。权力因其性质划分为三种是一回事，如何在宪制体制中具体配置权力则是另外一回事。在政体结构上，美国实行总统制，此外，还存在议会制、半总统制、委员会制、苏维埃制等政体模式，每种政体模式虽然都承认立法、行政和司法的三分，但在具体的机构设置和权力配置上则不尽相同。即便是议会制，英国议会制与德国的议会制、日本的议会制也不尽相同，因此除了美式三权分立之外，权力分立实际上有非常多的具体权力配置模式。

除了三权分立有多种权力配置模式之外，新的分权理论开始质疑权力是否应该只分为三种类型，是否有第四种、第

---

[1] ［美］汉密尔顿等：《联邦论》，尹宣译，译林出版社2010年版，第329、336页。

五种类型。比如，图什内特认为三权分立已经不足以解释现代政府架构了，"在20世纪，这种认为现代国家的政府包含四个而非三个分支的理论，已经获得了广泛的接受"。这个"第四分支"是指基于职能专业化而形成的行政官僚机构，包括实际执行法律的官僚机构以及行政裁决机构，这些官僚机构"在一定程度上独立于他们那些更关心政治压力而非专业知识的上司"。[1] 阿克曼也谈到从总统的"行政权"中拆分出基于职能专业化的行政官僚机构，认为宪法制定者完全没有意识到权力分立所隐含的职能专业化原则。[2]

当然，图什内特和阿克曼所讨论的"第四分支"和美国宪法的三权分立结构有关，美国宪法第二条将行政权赋予总统一人，完全没有提到行政机构，因此从宪法文本上来看，总统一人行使全部的行政权，美国的行政机构是在宪法实践中逐步建立起来的。[3] 因此"第四分支"实际上涉及行政系统内部在政治性（因此是党派性）的政务官集团和非政治性（因此是中立性）的事务官集团之间的分割。

除了"第四分支"，图什内特还提到了新兴的"第五分支"，如独立负责管理货币系统的中央银行、反腐败机构、解决选

---

[1] ［美］图什内特：《比较宪法：高阶导论》，毕洪海译，中国政法大学出版社2017年版，第125—126页。

[2] ［美］阿克曼：《别了，孟德斯鸠：新分权的理论与实践》，聂鑫译，中国政法大学出版社2016年版，第80页。

[3] 参阅［美］马肖《创设行政宪制：被遗忘的美国行政法百年史（1787—1887）》，宋华琳、张力译，中国政法大学出版社2016年版。

区划分和选举争端的机构、负责信息公开和传播的机构,并因此建议"未来的宪法设计者或许应该认真考虑这样一种可能性:创设一个不同于司法部门的政府'第五'分支——大致可以称之为透明分支(transparency branch)。为了实现独立性和可问责性之间的平衡,该分支中的机构或许可以大致模仿法院而建立"。[1]阿克曼虽然没有图什内特这么激进,但也谈到了作为独立权力分支的"廉政的分支"和"规制的分支"。这种基于功能性分权而创设的权力分支,并非传统三权中的任何一权。[2]

虽然以图什内特和阿克曼为代表的新分权理论尚处于探索之中,但这种对经典分权理论的挑战无疑预示着新的发展方向。虽然新的权力分支并未普遍性地在宪法文本中体现,但晚近制定的一些宪法中已经建立了这种基于功能性分权而创设的权力分支。

比如南非宪法第九章"支持宪政民主的国家机构"中创设了一些独立的权力分支,包括"公设护民官""南非人权委员会""文化、宗教及语言社区权利促进及保护委员会""性别平等委员会""审计长""选举委员会""独立的电信规制机构"。南非宪法明确规定,"这些机构是独立的,只受宪法

---

[1] [美]图什内特:《比较宪法:高阶导论》,毕洪海译,中国政法大学出版社2017年版,第127—139页。

[2] [美]阿克曼:《别了,孟德斯鸠:新分权的理论与实践》,聂鑫译,中国政法大学出版社2016年版,第83—88页。

及法律的限制，他们必须公正无惧地、不偏不倚地、无偏见地行使其权力及履行其职能。其他国家机关必须通过立法及其他措施协助并保护这些机构，以确保这些机构的独立、公正、尊严及效率。任何人或国家机构都不得干涉这些机构的运作"。

由于宪法的稳定性，这些新类型的权力虽然出现，但未必会体现在宪法文本中，但由于国家和社会日趋高度复杂化，这些新类型权力的创设将不可避免。

因此，无论经典三权分立中权力的适当混合，还是三权分立在不同政体模式下的不同权力配置，抑或新分权理论所描述的新分权实践，都表明一个共同的问题：权力划分为立法权、行政权和司法权这一经典的理论模式有诸多种可能的制度实践。三权分立依然是最有效的分析框架，但并非是最有效的政府架构。新分权理论和实践在传统三权分立的基础上增加功能性分权，不是要取消三权分立，而是要完善三权分立，就像制衡不是要取消分权而是要完善分权一样。

因此，现代宪法中的分权或许可以作两个层次的理解：第一个层次是根据权力性质而作的区分，国家权力被分为立法权、行政权和司法权，这是基础的区分；第二个层次是基于特定功能而创设的新权力，它们不属于传统的立法权、行政权和司法权，但可能兼具这三种权力的某些要素，它们被创设仅仅是为了实现某种特定的功能，这些功能是为了完善由立法权、行政权和司法权所建构的基本政体结构。

四 "八二宪法"中的分权

"八二宪法"的政体结构是人民代表大会制,宪法第三章建立了以全国人民代表大会为最高国家权力机关的国家机构体系,从国家权力分别由不同的机构行使且绝大部分机构之间人员不重叠来看,"八二宪法"体制无疑是分权的,只是这种分权并非严格按照立法权、行政权和司法权三权来划分的。彭真在第五届全国人民代表大会第五次会议上所作的《关于中华人民共和国宪法修改草案的报告》中指出:

> 我们国家可以而且必须由人民代表大会统一地行使国家权力;同时在这个前提下,对于国家的行政权、审判权、检察权和武装力量的领导权,也都有明确的划分,使国家权力机关和行政、审判、检察机关等其他国家机关能够协调一致地工作。国家主席、国务院、中央军委、最高人民法院和最高人民检察院,都由全国人大产生并对它负责,受它监督。全国人大、国家主席和其他国家机关都在他们各自的职权范围内进行工作。国家机构的这种合理分工,既可以避免权力过分集中,又可以使国家的各项工作有效地进行。[1]

---

1 彭真:《关于中华人民共和国宪法修改草案的报告》,《中华人民共和国全国人民代表大会常务委员会公报》1982 年第 5 期。

那么,"八二宪法"究竟建立了一种什么样的分权体制呢?为了讨论的方便,下面列表对比说明宪法第三章各机构的性质及其所行使的权力,"性质"指这些国家机构被定性为何种机关,"权力"不是指具体的职权,而是指具体的职权属于立法权、行政权、司法权还是其他类型的权力。虽然全国人民代表大会常务委员会是全国人民代表大会的常设机关,但全国人民代表大会常务委员会有独立的职权,因此本文将其视为两个独立的国家机构。

国家机构	性质	权力
全国人民代表大会	最高国家权力机关	立法权
全国人民代表大会常务委员会	最高国家权力机关的常设机关	立法权
国家主席	未规定	"元首权"
国务院	最高国家权力机关的执行机关 最高行政机关	"行政权"
中央军事委员会	未规定	"军事权"
最高人民法院	最高审判机关	审判权
最高人民检察院	最高检察机关	检察权

注:加引号的权力词语为"八二宪法"文本中未使用的词语。

对上表作简要分析,全国人民代表大会及其常务委员会是最高国家权力机关及其常设机关,虽然行使国家立法权,但却不能因此认为全国人民代表大会及其常务委员会只是立法机关。全国人民代表大会及其常务委员会除了行使立法权之外，还行使其他"最高国家权力"，比如选举产生其他国家权力机构，因此是最高国家权力机关及其常设机关兼理立法权。

国家主席作为国家机构的性质未明确规定，但现在通常认为国家主席就是国家元首，因此国家主席行使的权力是"元首权"。[1]

宪法虽然规定国务院是最高行政机关，并规定国务院行使的广泛的职权，但宪法并未使用"行政权"这个概念，未像规定全国人民代表大会及其常务委员会行使立法权那样，规定国务院行使国家行政权。为什么明确规定国务院是最高行政机关却不使用行政权这个概念呢？或许因为行政机关这个概念意味着所行使的必然是行政权，没有重复的必要，或许是因为国务院行使的职权不仅仅是行政权或只是行政权的一部分。

中央军事委员会作为国家机构的性质也未明确规定，且职权只有一项"领导全国武装力量"，暂且将这项职权称为"军事权"。

（最高）人民法院是（最高）审判机关，行使审判权。宪法既未使用司法机关也未使用司法权，因此审判权与司法权之间的关系就成为学术界经常讨论的问题。人民检察院是

---

[1] 翟志勇：《国家主席、元首制与宪法危机》，《中外法学》2015年第2期，第349—366页。

法律监督机关，行使检察权，但最高人民检察院是最高检察机关，法律监督机关是否等同于检察机关？检察权是否属于司法权？是否存在法律监督权这样一种权力类型，其与检察权的关系如何？这些都是学术上有争议的问题。[1]

从上面的观察可以看出，"八二宪法"并未严格使用立法机关—立法权、行政机关—行政权、司法机关—司法权这一经典的权力分立模式，因此需要对"八二宪法"权力分工作一个整体性解释。其中有两个核心的问题：第一是元首权和军事权的性质是什么？是否属于行政权？第二是人民法院和人民检察院是否都是司法机关？审判权和检察权是否等同于司法权？

先来看第一个问题，学理上通常认为元首的职权和军事职权属于行政权的一部分，但这主要是基于美国式总统制而作的分析。在美国式总统制下，国家元首和政府首脑合二为一，因此元首权和最高行政权也就合二为一了，但在非总统制国家，也就是在国家元首和政府首脑分立的国家，国家元首和政府首脑分别行使不同的职权，国家元首的职权涉及外交、任免、发布、赦免、荣典等权利，非行政权所能概括，因此，现在有一种倾向认为元首权是独立于三权之外的另一

---

1 田夫：《论"八二宪法"对检察院的"双重界定"及其意义》，《东方法学》2013年第6期，第152—158页；《什么是法律监督机关》，《政法论坛》2012年第3期，第42—52页。

种单独的权力。[1] 军事权也并非由国家元首／政府首脑单独行使，各国通常都将战争与和平问题交给议会来决定。

回到"八二宪法"，仅仅从解释的角度来看，如果认为元首权和军事权属于行政权的话，那么国务院就不是唯一的最高行政机关了，只能是最高行政机关之一，国家元首和中央军事委员会都可以称之为最高行政机关。因此本文认为，在"八二宪法"体制下，元首权和军事权应该视为独立于行政权之外的单独的权力。

作出这个判断的另一个理由是，国家主席虽然由全国人民代表大会选举产生，但并不对全国人民代表大会及其常务委员会负责和报告工作，中央军事委员会虽然由全国人民代表大会选举产生，但只有中央军事委员会主席对全国人民代表大会及其常务委员会负责，但并不报告工作。这与国务院对全国人民代表大会负责和报告工作完全不同。

再来看第二个问题，宪法中未使用司法机关和司法权这两个概念，但人民法院属于司法机关以及审判权属于司法权没有任何疑义，不过司法机关是否只有人民法院以及司法权是否仅指审判权就疑义丛生了。通常认为中国政法话语中的司法机关，不仅仅指人民法院，宽泛意义上讲还包括人民检察院，甚至公安机关。

---

[1] 马岭：《国家元首的元首权与行政权》，《上海政法学院学报》2012年第3期，第1—10页。

而对于人民检察院，除了上面提到的"法律监督机关"和"检察机关"双重界定之外，检察权的性质在学界始终是争议不清的问题。20世纪八十年代以来逐步形成行政权说、司法权说、行政权与司法权双重属性说以及独立于行政和司法权的法律监督权说，至今仍没有一个统一的说法。由于行政权、司法权和法律监督权这些概念本身具有模糊性，对于宪法上国家权力体系的解释，最好从具体的职权出发来理解，而非生搬硬套立法—行政—司法这个经典的理论模式。

因此，本文认为，"八二宪法"在最高国家权力之下，具体区分了立法权、元首权、行政权、军事权、审判权、检察权六种权力形态，这些权力需要通过具体的职权来认知，并由此确定其与最高国家权力之间的关系，以及这些权力彼此之间的关系。在这样一种权力分工体系下，如果监察权入宪，则是在此基础上，重组具体的权能，也就是说将行政权的部分权能和检察权的部分权能重组为监察权。

考虑到新的分权理论和实践，考虑到"八二宪法"本身就不是严格依据三权分立来创设权力分工体系的，本文认为，监察权是基于功能性分权而创设的一种独立的宪法性权力，是国家权力体系中的"廉政的分支"，无须纠结于监察权究竟属于行政权还是司法权，更应关注监察权的具体权能，因为监察权本身不是基于权力性质创设的权力，而是基于功能创设的权力。重视监察权的具体权能，才能更好地讨论其权能是否足够实现其目的，是否是实现其目的所必须，以及如何来监督和制约监察权。

五 监察权的双重属性

在监察体制改革的讨论中，很多学者认为将来监察委员会设立之后，会形成"一府一委两院"体制，但本文要特别强调由于合署办公，监察委员会和监察权具有双重属性，这使它与"一府两院"有重大的差别，这种差别应该引起足够的重视和讨论。

监察委员会和监察权的特殊性在于，通过合署办公，监察委员会与中国共产党纪律检查委员会合二为一，监察权中融入了中国共产党的纪律检查权。在监察体制改革和监察委员会设立过程中，始终有两个普遍的疑惑：第一，为什么叫监察委员会而非监察院？第二，为什么监察委员会之前未加"人民"，为什么不叫"人民监察委员会"？这两个问题，官方未作解释，学界也少有探讨，但却是普遍的疑问。本文认为，这两个问题都与监察委员会和中国共产党的纪律检查委员会合署办公有关，与监察权的双重属性有关。

2016年11月7日，中共中央办公厅印发的《关于在北京市、山西省、浙江省开展国家监察体制改革试点方案》中明确规定："党的纪律检查委员会、监察委员会合署办公。"新华社2017年11月5日《积极探索实践 形成宝贵经验 国家监察体制改革试点取得实效——国家监察体制改革试点工作综述》中进一步阐明："实现纪委、监委合署办公，机构、职能和人员全面融合。试点地区实行党的纪律检查委员会、监察委员会合署办公，对党委全面负责，履行纪检、监察两项职责，监察委员会不设党组，主任、副主任分别由同级纪委书记、副书记兼任，实行一套工作机构、两个机关名称。"虽然合署办公的具体运作机制尚不明确，但"机构、职能和人员全面融合"已经表明监察委员会党政合一的性质。

正是在这个意义上，监察权与立法权、行政权、审判权和检察权不同，监察权具有双重性，既具有国家权力属性又有党的权力属性，或者说既具有法律性又具有政治性。对于这种双重性，学术界尚没有充分的理论讨论。笔者曾经讨论过这种双重属性可能的积极意义，即部分实现了"党的领导与人民当家作主的有机统一"的法权化。但这只是一种可能性，它也可能走向另外一种方面，就是将监察权的法律性质导向政治性。

至于为什么叫监察委员会而非监察院，本文认为，这并非为了避免与民国时期的监察院重名，而是因为委员会制是中国共产党主要的组织形式。委员会制的核心是集体领导和民主集中制，因此监察机关采取委员会制，可以更好地与中国共产党纪律检查委员会合署办公。

为什么不叫人民监察委员会？1949以来，我国各种政权机关名称中都加"人民"二字，毛泽东在1948年曾说"我们是人民民主专政,各级政府都要加上'人民'二字,各种政权机关都要加上'人民'二字"。那么,为什么监察委员会名称中未加"人民"二字?本文认为,主要原因依然是合署办公,监察委员会不仅是人民的监察委员会,也是中国共产党的监察委员会,所以新华社的通稿中才说"明确监察委员会实质上就是反腐败工作机构,和纪委合署办公,代表党和国家行使监督权,是政治机关,不是行政机关、司法机关"。也就是说,监察委员会同时代表党和国家行使监察权。名称问题实际上涉及更根本的理论问题,即监察权的权力来源问题。由于篇幅和主题的原因,这个问题无法在本文中回答。

《监察法(草案)》一审稿中规定:"中华人民共和国监察委员会对全国人民代表大会及其常务委员会负责,并接受监督。""县级以上地方各级监察委员会对本级人民代表大会及其常务委员会和上一级监察委员会负责,并接受监督。"也就是说,监察委员会不需要向同级人民代表大会及其常务委员会报告工作。

二审稿对此作了修改,规定:"各级人民代表大会常务委员会听取和审议本级监察机关的专项工作报告,根据需要可以组织执法检查。"听取专项工作报告,而非听取工作报告。为什么《监察法》不直接明确地规定监察委员会向同级人民代表大会及其常务委员会报告工作呢?这同样与监察委员会党政合一的性质相关,如果规定监察委员会向同级人民代表大会及其常务委员会报告工作,那就相当于要求党的纪律检查委员会向同级人民代表大会及其常务委员会报告工作。

　　监察机关和监察权的这种双重属性并非"八二宪法"体制下的个案。"八二宪法"国家权力体系实际上分为两部分，是否合署办公或是否党政合一可以作为区分的标准。一边是国家主席、中央军事委员会，都是党政合一的；一边是人大领导下的"一府两院"，"一府两院"不与党的机构合署办公，但内部设立党委或党组。虽然国家元首"三位一体"制是宪法实践中逐步形成的宪法惯例，但中央军事委员会是"八二宪法"有意设计的。也正因为国家主席和中央军事委员会的这种特殊性，在我们有关"八二宪法"体制的日常表述中，通常只说人大领导下的"一府两院"。

　　因此，在"八二宪法"权力体系的结构下，宪法中设立监察委员会，由于合署办公，监察委员会实际上处于国家主席、中央军事委员会这边，是党政合一的。"一府一委两院"这种说法，容易忽略监察委员会和监察权具有的双重性，而这种双重性的制度实践才应该是我国分权理论学术讨论的重点。

原载《中国法律评论》2018 年第 1 期

宪法何以中国

一 宪法中的"中国"

"八二宪法"序言十三个段落一千六百四十八个字,"中国"一词共出现二十六次,但含义却不尽相同:时而作为中华人民共和国的简称,时而涵盖中华民国甚至晚清政府,时而又意指时间上无远弗届的作为整体的中国。[1]为什么中华人

---

1 本文无意于研究"中国"一词在历史变迁中的含义,这方面已经有了很多的研究。本文的目的在于探讨当下中国的宪法意象,"意象"一词意味着,宪法对中国的想象有历史的基础,但又不完全是历史事实,毋宁是对历史的重新阐释,表达的是一种政治愿景,其中包含着规范的维度和应然的面相。关于"中国"一词的历史含义及其变迁,可参见王尔敏《"中国"名称溯源及其近代诠释》,载《中国近代思想史论》,社会科学文献出版社2003年版,第370—400页;[日]川岛真《从"天朝"到"中国"——清末外交文书中"天朝"和"中国"的使用》,载《近代中国的国家形象与国家认同》,上海古籍出版社2003年版,第265—281页;(转下页注)

民共和国的宪法呈现出如此之多的中国意象？这些中国意象之间又具有怎样的关联？如此的写作又具有怎样的政法蕴涵？

厘清这些问题需要建立一个坐标体系。宪法序言中界分出四种中国意象，即"封建的中国"、"半殖民地半封建的中国"、中华民国以及中华人民共和国。所有这些具体的中国意象首尾相连，构成了作为整体的在时间上向前向后均无限延展的中国，勾画出中国的"家谱"。这便是作为横轴的历史维度。而坐标体系的纵轴是现代国家的谱系：晚清以来的中国国家与社会转型，基本上是在回应现代国家普遍具有的两种叙事模式，即民族国家叙事和共和国叙事，近代以来中国人民的抗争，目的就是为了建立自己的民族国家与共和国。因此，纵轴的一端是民族国家，即"统一的多民族国家"，另一端是共和国，即"人民民主专政的社会主义国家"。

本文以宪法序言作为分析文本，梳理其中呈现出来的诸种中国意象，具体化为作为历史文化（伦理）共同体的文化中国和作为政治法律（道德）共同体的政治中国，以及政治中国在当下所呈现出来的民族国家意象和共和国意象；并通过对民族、人民、阶级等关键词的分析，揭示"人民民主专

（接上页注）郭成康《清朝皇帝的中国观》，《清史研究》2005 年第 4 期，第 1—18 页；胡阿祥《伟哉斯名——"中国"古今称谓研究》，湖北教育出版社 2000 年版；如葛兆光《宅兹中国：重建有关"中国"的历史论述》，中华书局 2011 年版；许倬云《说中国：一个不断变化的复杂共同体》，广西师范大学出版社 2015 年版。

政的社会主义国家"（共和国意象）是如何落实"统一的多民族国家"（民族国家意象）的。

文化中国

宪法序言第一段用两句话勾画了作为整体的中国。第一句是"中国是世界上历史最悠久的国家之一"，这句话至少表达了两层含义：首先，中国不再是天下秩序中的"中央之国"，[1] 而是世界体系中的诸国"之一"，这是中国晚清以来宇宙观转变后的自我定位——我们只是这个星球上的一个民族国家而已；其次，在这个国家体系中，我们引以为豪的，或者说我们的特征，乃是悠久的历史。当然，对历史的强调不仅仅是凸显我们与其他国家的与众不同，更重要的意义在于，历史在某种意义上是正统性与合法性的源泉，历史维度的展开就像家族族谱的展开一样，我们在其中找到了我们的位置，不仅获得了归属感，同时获得了正统性。

第一段第二句是"中国各族人民共同创造了光辉灿烂的文化，具有光荣的革命传统"。首先，如果说历史维度的铺陈展开了中国的家谱，那么我们在这个家谱中看到的便是"光

---

[1] 杨度在《金铁主义说》一文中说："中国云者，以中外别地域远近也"。根据王尔敏教授的考察，早在秦汉统一之前，"中国"一词就有"中央之国之意"，并一直沿用，直到清末才意识到"吾国古来自称中国，对于四夷言之也。以今日论，则不符矣"（汪康年语）。梁启超甚至认为"曰中国，曰中华，又未免自尊自大，贻讥旁观"。以上引文参见王尔敏《"中国"名称溯源及其近代诠释》，载《中国近代思想史论》，社会科学文献出版社2003年版，第371、380页。

辉灿烂的文化","五四"以来的反传统文化,尤其大革文化之命,现在被"拨乱反正",开始了新的回归。其次,这个"光辉灿烂的文化",也即历史的中国,是人民创造的,帝王将相是历朝历代的缔造者,但历史与文化的真正创造者是人民。不仅如此,这个人民是包括汉人在内的各族人民,所创造的文化,自然是包括汉文化在内的多元文化。所谓中华民族和华夏文明,自始便具有多元性,并在此获得了宪法上的承认。最后,中国具有"光荣的革命传统"。[1] 宪法序言先后六次使用"革命"一词,可谓是"革命的宪法","革命"是贯穿整部宪法序言的叙事线索,也是合法性论证的基础,具有极为重要的意义。[2]

在第一段的两句话中,我们注意到历史、文化和革命这三个关键词,历史铺陈了中国的"家谱",文化是历史中国的存在形式,而革命或许可以解释为中国五千年来延续至今的内在动力,所有这些结合在一起,构建了一个整体的中国意象,向前无限追溯,向后无限延展。值得注意的是,宪法

---

[1] 对是否要写"具有光荣的革命传统",宪法起草委员会曾有激烈的争论,反对者认为"改朝换代没有根本性变化","不能说有革命传统";支持者认为,改朝换代的主体是人民,中国人民还是有革命传统的。相关的讨论参见许崇德《中华人民共和国宪法史》,福建人民出版社2003年版,第671—672页。

[2] 当然,这里的革命主要是"人民革命"(反帝反封建)意义上的革命,有着自己独特的逻辑,但阿伦特关于革命与建国的出色讨论,仍然有助于我们理解为什么制宪者要以革命作为贯穿整部宪法叙事的线索。在阿伦特看来,革命始终是与"开端"和"建国"相联系的,参见[美]阿伦特《论革命》,陈周旺译,译林出版社2007年版,第10—24页。

宪法何以中国

序言第一段只是在时间轴线上呈现作为整体的中国,但并不试图在空间范围上界定中国,[1]因为在历史上,中国的天下秩序没有边界,她从中心向四周无限扩散。[2]笔者将第一段所描绘的中国称为"文化中国",乃是采"文化"的极为宽泛的意义,包含了今天仍然以各种方式呈现出来的历史上的一切。

政治中国

宪法序言第二至第五段书写了"文化中国"近一百七十年的政治与社会变迁。1840年是一个重要的时间节点,它标志着中国天下秩序开始瓦解,作为民族国家的现代中国开始孕育。

不过,这个诞生过程极尽艰难和曲折,从晚清到中华民国再到中华人民共和国的变迁过程,亦即唐德刚先生所谓的"历史三峡",波澜起伏、血雨腥风,充满了太多的屈辱与抗争、无奈与悲情,需要一种超越意识形态的同情理解。

与前面作为整体的"文化中国"相对照,我们将宪法序

---

[1] 当然,不界定中国的边界并不意味着没有地理空间概念,诚如强世功在解读宪法序言第一段时所言:"'中国'这个概念的基础之一就是在上述历史由此展开的一个特定的地理空间,在这个地理空间里建立的任何政治支配都属于'中国'的范畴,如果没有这个地理空间,政治支配就不可能存在。"参见强世功《立法者的法理学》,生活·读书·新知三联书店2007年版,第94页。

[2] 关于历史中国的空间范围,参见顾颉刚、史念海《中国疆域沿革史》,商务印书馆2004年重刊版;葛剑雄《中国历代疆域的变迁》,商务印书馆1997年版。关于中国从帝国蜕变到民族国家过程中牵涉到的疆土意识和国家想象,参见葛兆光《国境、国家和中国——也说"中国境域"》,《南方周末》2007年8月23日。

言第二至第五段书写的中国,称之为作为具体阶段的"政治中国",这是"文化中国"在特定时间段下的具体存在形式和政治表达。晚清以来的这一变迁过程,仅仅是中国整体的内部超越和取代,被否定者依然内在于中国谱系之内,而且曾经具有正统性和正当性,后来者只有承认先前者的上述特质,才能建立起自己的正统性和正当性。在这个依次否定的过程中,我们再次看到了"革命"这个关键词。这一百七十年的政治与社会变迁,正是靠革命叙事串联起来的。这就解释了为什么第一段将"光荣的革命传统"与"光辉灿烂的文化"并举。

这个"文化中国"与"政治中国"的区分,以及"政治中国"的变迁,共同构成了完整的中国意象。比较前几部宪法的序言,我们会更加清楚地看到这个意象所呈现出来的重要的政法意蕴。

无论是《共同纲领》,还是"五四宪法""七五宪法""七八宪法",时间只从1840年开始,晚清和中华民国仅仅以"封建主义"和"官僚资本主义"的面貌出现,虽然开篇就强调"一百多年的英勇奋斗",但宪法序言根本没给晚清和中华民国留下任何位置。相反,在"八二宪法"序言中,第二段肯认了晚清以来中国人民为"国家独立、民族解放、民主自由"进行的"英勇奋斗",第四段肯认了中华民国废除封建帝制的历史功勋,这样就使得"一百多年的英勇奋斗"更为连续、丰满和完整，历史的连续性得以呈现。[1]

更为重要的是，《共同纲领》以及"五四宪法""七五宪法""七八宪法"中都没有"文化中国"的意象，中华人民共和国仿佛横空出世，它与母体的联结至少在宪法上没有呈现，中华人民共和国似乎外在于中国谱系，或者说之前的中国被彻底否定掉了，历史的连续性被彻底割裂，正统性更无从谈起，进而也影响到合法性论证。

为什么"八二宪法"中要写入"文化中国"的意象呢？为什么晚清和中华民国也被写入宪法并给予一定的地位呢？原因恐怕在于，国家不仅仅是政治法律共同体（道德共同体），同时也是历史文化共同体（伦理共同体）。作为政治法律共同体，国家可以更迭，呈现为代际性，但作为历史文化共同体，国家必须而且只能是连续性的。历史文化共同体是政治法律共同体的母体，而后者是前者的当下存在，两者互相依存，共同构筑了国家的完整面相。任何一个国家必然同时展现出这两种面相、两种属性，中国尤其如此。

"统一的多民族国家"

前面所述的时间维度，呈现了"文化中国"与"政治中国"的关系，以及传统帝制中国向现代共和中国的蜕变，即从天

---

[1] 联想人民英雄纪念碑的碑文："由此上溯到一千八百四十年，从那时起，为了反对内外敌人，争取民族独立和人民自由幸福，在历次斗争中牺牲的人民英雄们永垂不朽！"整个近代史经由"人民英雄"串联起来，成为一个整体。

下秩序蜕变为民族国家，从君主政体蜕变为共和政体。如果将这个蜕变过程放到现代国家形成史中看，它实际上回应了现代国家普遍具有的两种叙事模式，即民族国家叙事和共和国叙事。

宪法序言第二段道出了1840年之后中国人民的三项任务，即争取"国家独立、民族解放和民主自由"，这三项任务具体表现为第四段和第五段所述的反抗"帝国主义、封建主义和官僚资本主义"的斗争。反抗帝国主义，争取的是"国家独立、民族解放"，目的是建立中华民族独立自主的国家；反抗封建主义，争取的是"民主自由"，目的是建立人民当家作主的共和政体；至于第五段所谓的"官僚资本主义"，解释为帝国主义和封建主义相互结合的产物。反抗官僚资本主义不仅内在于反抗帝国主义和封建主义的斗争之中，构成民族国家和共和国建构过程的一部分，它同时也是共和国内社会主义制度的建构过程，是共和体制的一种新的探索。由此可见，传统中国向现代中国的蜕变，同时涉及国的再造（国家独立）、族的再造（民族解放）和民的再造（民主自由），从而构成了现代中国诞生的民族国家叙事和共和国叙事。[1]

1840年鸦片战争开启了中国从传统的天下秩序向现代民族国家秩序蜕变的历史，这个过程到今天依然没有彻底完成，

---

[1] 有关"国的再造""族的再造"和"民的再造"的详细讨论，参见翟志勇《中华民族与中国认同——论宪法爱国主义》，载《政法论坛》2010年第2期，第11—14页。

国家的分裂和多元族群的整合，仍然是中国民族国家建设所要面对的紧要问题。天下秩序是建立在以皇权为核心的大一统之上的，"普天之下，莫非王土；率土之滨，莫非王臣"。而民族国家秩序是对天下秩序的瓦解，不仅意味着一个民族不受外族的专断统治，而且意味着不受族内某人或某些人的专断统治。

因此，中国民族国家建设自始就面临着双重任务：一方面要应对外敌的入侵，维持清朝治理下的作为整体的多元族群的独立性，也就是后来发展出来的中华民族的独立性。"中华"不仅是个文化概念，同时也是个民族概念。作为集体政治想象与政治身份认同的中华民族，正是在1840年以后反抗帝国主义侵略的抗争中逐步发展和充实起来，从一种自发的存在转变成为一种自觉的存在。[1] 无论第一共和（中华民国），还是第二共和（中华人民共和国），都要在国号中冠以"中华"两字，这正是要在世界民族国家体系中宣称，这个国家乃中华民族之国家，而非法兰西、德意志、英吉利民族之国家。"国家独立、民族解放"其意基本在此。

中国民族国家建设面临的另一个任务，是如何在内部整合清朝治理下的多元族群关系。虽然到了清朝的中晚期，"华夷之辩"经过士大夫们的重新阐述，已经不再是满族统治的

---

1 费孝通主编：《中华民族多元一体格局》，中央民族大学出版社1999年版，第3页。

理论障碍,[1]但族群之间的区隔和不平等依然存在。更重要的是,清末民族主义传入中国,边疆族群亦有脱离中华民族、独立建国的诉求。因此,从最初的"驱除鞑虏"到民国肇建时的"五族共和",再到今天的"民族区域自治",这一脉的努力无非是寻找一种妥善处理中华民族内部多元族群关系的恰当方式,从而构成了近代中国民族国家建设的重要一环。

宪法序言第十一段表述了作为民族国家的中国意象:"中华人民共和国是全国各族人民共同缔造的统一的多民族国家。"中国的民族国家意象竟然是"统一的多民族国家",这看起来颇为吊诡。因为在一般意识中,所谓的民族国家,即"一个民族,一个国家",而"多民族"的国家岂不是一种自相矛盾?

这就要从中文"民族"一词说起了。当我们说"少数民族"时,"民族"一词指的是满族、藏族、土家族等历史文化共同体,相当于英语中的 ethnic group,这个意义上的民族实际上指的是族群,是一个历史文化共同体而非政治法律共同体。当我们说"中华民族"时,"民族"一词实际上指的是包括少数民族在内的作为整体的五十六个族群,此时的民族相当于英语中的 nation,一个政治法律共同体。当然,这个政治法律共同体同样具有历史文化属性,但其历史文化属性呈现为

---

[1] 参见汪晖《帝国与国家》,载《现代中国思想的兴起》上卷,生活·读书·新知三联书店 2004 年版,第 551—578 页。

多元状态。

nation 一词同时具有国家、国民与国族三种含义,"民族"一词是对"国民"与"国族"两层含义的翻译。值得注意的是,当这两个词放在一起时,"民"是对"族"的修饰,以阐明这个族是由国民构成的政治共同体,而非由族人构成的文化共同体,因此民族是一个法律概念。而作为国家的 nation 更好理解,今天的联合国(United Nations)便是由一个个具体的 nation(国家)组成的。[1] 民族(nation)通常是通过领土、主权以及人民来界定的,而族群(ethnic group)通常是通过历史、文化、语言等界定的。

因此,当我们说中国是一个民族国家(nation-state)时,我们是在 nation 这个意义上使用"民族"一词的;当我们说中国是一个"统一的多民族国家"(unitary multiethnic state)时,我们是在 ethnic group 这个意义上使用"民族"一词的。[2]

---

[1] 关于 nation 一词的中文翻译,参见方维规《论近代思想史上的"民族"、"Nation"与"中国"》,《二十一世纪》(网络版)2002 年 6 月号,总第 3 期。有关族群与民族或者说 ethnic group 与 nation 的区别的详细论述,参见翟志勇《中华民族与中国认同——论宪法爱国主义》,《政法论坛》2010 年第 2 期,第 8—11 页。

[2] 有人会提出反对意见,因为我们的《宪法》和《民族区域自治法》的英译本均将"民族"一词翻译为 nation,但笔者认为这是个误译,因为这两部法律中"民族"一词所表达的含义,与 nation 一词的含义根本不一样。我们的民族政治从来没有把少数民族当作一个政治共同体,民族区域自治本质上是少数民族聚集地区的地方自治,而非民族自治,该区域内的汉族人同样分享自治权利,而区域外的少数民族则不享有自治权利。从周恩来总理《青岛民族工作会议上的讲话》开始,我们的民族政策就一直将少数民族视为历史文化共同体。

其实这并不是中国的特色，当今世界几乎所有国家都是多民族（族群）国家，即便像日本这样族群同质性极高的民族，依然存在琉球人以及阿伊努族。因此，民族（nation）与族群（ethnic group）不但表达着不同的内涵，在边界上也并不是重合的。民族必然由多个族群组成，中国这样的传统的多民族（族群）国家固然如此，美国、澳大利亚、加拿大这样的移民国家亦是如此。[1]

当然，民族边界的划分具有很大的偶然性，往往是历史、殖民和战争等诸多偶然因素促成的。究竟哪些族群组成一个民族，通常而言不是选择的结果，而是被选择的结果。这就使得民族与族群之间存在着潜在的或现实的紧张，成为当今世界族群政治与族群冲突的根源。今天的族群民族主义的核心议题，就是争取将一个族群转变为一个民族，进而建立自己族群的民族国家。[2]

中国的多元族群整合，面临的正是这个问题。如何在尊重和保护不同族群历史和文化的同时，确保中华民族的一

---

[1] "根据新近的统计，世界184个独立国家中总计有超过600个现存的语言群体，有5000多个族群体。只有在极少数的几个国家中，才可以说公民们共享着同一种语言，或者属于同一个族群组成的民族。""冰岛和韩国通常被当作两个文化上基本同质的国家来引证。"参见［加］威尔·金里卡《多元文化公民权》，杨立峰译，上海译文出版社2009年版，第1页。（引文根据英文本略作调整）

[2] 参见 Stephen Tierney, *Constitutional Law and National Pluralism*, Oxford University Press, 2004; Sujit Choudhry, *Constitutional Design for Divided Societies: Integration or Accommodation?*, Oxford University Press, 2008; James Tully, *Strange Multiplicity: Constitutionalism in an Age of Diversity*, Cambridge University Press, 1995.

体性？也就是说，确保中国作为一个民族国家的一体性？制宪者注意到了这个问题，并试图在历史和规范两个层面上作出回答。

宪法序言中区分使用了"中国人民"和"中国各族人民"，考察"中国各族人民"一词的五次使用，就会发现宪法序言刻意强调，无论是文化中国还是政治中国，都是中国各族人民共同创造的。序言第一段："中国各族人民共同创造了光辉灿烂的文化，具有光荣的革命传统。"序言最后一段："本宪法以法律的形式确认了中国各族人民奋斗的成果。"

"中国各族人民"的另外三次使用，均与"中国共产党领导"连在一起，如第五段："1949年，以毛泽东主席为领袖的中国共产党领导中国各族人民……建立了中华人民共和国。"第七段："中国新民主主义革命的胜利和社会主义事业的成就，是中国共产党领导中国各族人民……取得的。中国各族人民将继续在中国共产党领导下……把我国建设成为富强、民主、文明的社会主义国家。"此外，第十一段还有"全国各族人民"这样的表述，与"中国各族人民"意义相同，即"中华人民共和国是全国各族人民共同缔造的统一的多民族国家"。

这些表述强调了这样的事实：无论历史上的中国，还是当下的中国，以及未来的中国，都是中国各族人民共同创造的。这样的一种历史叙述，为多元族群的一体性提供了第一层基础。当然，这层基础是否发挥了作用仍值得探讨，这里仅仅探讨立法者的意图。[1]

接下来的问题是，宪法序言在使用"中国各族人民"的同时，为什么还要继续使用"中国人民"一词？是措辞上的疏忽，还是深思熟虑的刻意之举？此外，既然要强调各族人民共同缔造了新中国，为什么不直接使用"中国各民族"或"五十六个民族"，而要用"中国各族人民"呢？"中国各民族"与"中国各族人民"之间有什么区别呢？这就涉及多元族群一体性的规范基础问题。在探讨这个问题之前，我们需要先探讨中国的共和国意象以及"中国人民"一词的特有含义。

"社会主义国家"

反抗帝国主义侵略，争取"国家独立、民族解放"，建立中华民族独立自主的国家，构成近代中国的民族国家叙事。但仍未解决的问题是，这个民族国家将以何种方式来组织？是沿袭帝制传统，还是仿效君主立宪，抑或建立共和政体？几经尝试，这个问题直到辛亥革命才算有了定论。辛亥革命"废除了封建帝制，创立了中华民国"，自此以后，无论真心

---

[1] 根据许崇德教授的记述，"序言在原先起草的时候，有多处提到'中国人民'。邓颖超读后，建议称'中国各族人民'为好。她的意见将中国人民加上'各族'二字，不仅能更确切地反映客观事实，而且有利于民族团结，能加强国内各民族的凝聚力，所以意义十分深远，据此，在最后提交全国人大审议的宪法修改草案中，把凡提及'中国人民'的地方都改成了'中国各族人民'"。参见许崇德《中华人民共和国宪法史》，福建人民出版社 2003 年版，第 770—771 页。不过最后通过的宪法同时使用了"中国人民"和"中国各族人民"，立法者并未解释区分的根据和原因。

还是假意,任何一部宪法都宣称"主权在民",任何一部宪法至少在形式上都确立了共和政体,主权在民、民主共和已经深入人心,成为不可逆转的历史潮流。因此,反抗封建主义,争取"民主自由",建立共和政体,就构成了近代中国的共和国叙事,并与民族国家叙事一起,描绘了现代中国的诞生。

辛亥革命后,中国在形式上已经建立了共和体制,但对于建立一种什么样的共和体制,并未达成一致意见,因此,反对官僚资本主义的斗争实际上是对共和体制的定义权之争。今天看来,国共之争、中华民国与中华人民共和国之争,所争的不是民族国家问题,双方对建立一个中华民族的民族国家没有分歧,所争的乃是中国到底应该建立一个什么样的共和国。意见无法统一,便只能兵戎相见,一如美国内战。

宪法序言第四段肯定了辛亥革命"废除了封建帝制"的历史功勋,但认为辛亥革命"没有完成中国的民族民主革命任务",[1]而直到"取得了新民主主义革命的伟大胜利",中国人民才真正"掌握了国家的权力,成为国家的主人"。这个表述集中体现了人民主权原则以及新中国的共和国属性。

但这仅仅是一个原则,需要进一步落实为具体的制度。那么,新中国建立的是一种什么样的共和体制?中国人民如何行使当家作主的权力?序言第六段给出了答案:新中国成

---

1 参见《关于中华人民共和国宪法修改草案的报告》(1982年11月26日在第五届全国人民代表大会第五次会议上的报告)。

立后，国家开始"生产资料私有制的社会主义改造"，目的是消灭"人剥削人的制度"，以便确立"社会主义制度"。社会主义制度在经济层面上表现为生产资料的公有制，而在政治层面上则表现为"工人阶级领导的、以工农联盟为基础的人民民主专政，实际上即无产阶级专政"。这就是当家作主的中国人民实行共和的方式：经济上的公有制，政治上的人民民主专政，一种社会主义的共和政体。

宪法正文第一段将中国的共和国意象表述为："中华人民共和国是工人阶级领导的、以工农联盟为基础的人民民主专政的社会主义国家。"从这个意义上讲，社会主义制度是共和政体的一种呈现方式，而非对共和政体的否定，新中国的共和国意象依然是清晰可见的。

那么，如何具体理解中国的共和国意象？既然共和国意象的核心原则是"中国人民掌握了国家的权力，成为国家的主人"，那就先从"中国人民"这个词说起。宪法序言中"中国人民"一词，一共使用了六次，分别是：

> 中国人民为国家独立、民族解放和民主自由进行了前仆后继的英勇奋斗。（第二段）
> 中国人民反对帝国主义和封建主义的历史任务还没有完成。（第四段）
> 中国人民掌握了国家的权力，成为国家的主人。（第五段）

中国人民和中国人民解放军战胜了帝国主义、霸权主义的侵略、破坏和武装挑衅,维护了国家的独立和安全,增强了国防。(第六段)

中国人民对敌视和破坏我国社会主义制度的国内外的敌对势力和敌对分子,必须进行斗争。(第八段)

完成统一祖国的大业是包括台湾同胞在内的全中国人民的神圣职责。(第九段)

这六处"中国人民"的使用与前面提到的"中国各族人民"的使用不同,它们具有类似的独特性,即它们都是在"敌我"对立关系中来使用的,侵略、破坏、挑衅、敌视、分裂造就了"敌我"关系,凡是站在敌人对立面的,便是人民。

毛主席在《关于正确处理人民内部矛盾的问题》一文中区分了"敌我矛盾"和"人民内部矛盾"。在谈到何为人民时,他说:

人民这个概念在不同的国家和各个国家的不同的历史时期,有着不同的内容。拿我国的情况来说,在抗日战争时期,一切抗日的阶级、阶层和社会集团都属于人民的范围,日本帝国主义、汉奸、亲日派都是人民的敌人。在解放战争时期,美帝国主义和它的走狗即官僚资产阶级、地主阶级以及代表这些阶级的国民党反动派,都是人民的敌人;一切反对这些敌人的阶级、阶层和社会集团，都属于人民的范围。在现阶段，在建设社会主义的时期，一切赞成、拥护和参加社会主义建设事业的阶级、阶层和社会集团，都属于人民的范围；一切反抗社会主义革命和敌视社会主义建设的社会势力和社会集团，都是人民的敌人。

虽然上述六处"中国人民"使用中，因敌人的不同而决定了人民内涵的不同，但在"敌我矛盾"中，人民具有同一性。无论阶级如何、族群如何，只要面对的是共同的敌人，"都属于人民的范围"。人民不是从内部，而是从外部界定的。当然，这里的敌人不只是中国之外的敌人，还包括中国之内的敌人，因此还需要探讨中国人（注意不是中国人民）内部的另一个划分，即阶级划分。序言第八段：

> 在我国，剥削阶级作为阶级已经被消灭，但是阶级斗争还将在一定范围内长期存在。

剥削阶级已经被消灭了，那么阶级斗争斗的是谁呢？《关于中华人民共和国宪法修改草案的说明》在解释人民民主专政时对"敌人"有一个描述：

> 间谍、特务和新老反革命分子，还在进行反革命活动。贪污受贿、走私贩私、投机诈骗、盗窃公共财产等严重

犯罪活动，是新的历史条件下阶级斗争的重要表现。我们必须保持清醒头脑，提高警惕，保持国家的专政职能。[1]

由此可见，我们通常意义上的犯罪分子，在这里被视为阶级敌人，他们虽然是中国人，但不属于"人民"。中国作为一个共和国，是人民的共和，而非所有中国人的共和，一部分人被排除在共和之外。

至此我们已经看清了作为政治法律共同体的中华人民共和国所具有的两个意象，即表现为"统一的多民族国家"的民族国家意象和表现为"社会主义国家"的共和国意象。而且，我们也看清了两个意象之间的关系，即"统一的多民族国家"要落实为或呈现为"人民民主专政的社会主义国家"。这就回到了我们上节遗留下来的问题，即多元族群一体性的规范基础何在？宪法序言为什么不直接使用"中国各民族（族群）"而是使用"中国各族人民"？以及进一步的问题，即"社会主义国家"这个共和国意象是如何具体落实"统一的多民族国家"这个民族国家意象的？

从上面的讨论中我们看到，中国人内部至少存在着两种

---

[1] 《关于中华人民共和国宪法修改草案的说明》（1982年4月22日在第五届全国人民代表大会常务委员会第23次会议上的报告）。类似的表述同样出现在《关于中华人民共和国宪法修改草案的报告》（1982年11月26日在第五届全国人民代表大会第五次会议上的报告），"依照宪法和法律，镇压叛国和其他反革命的活动，打击经济领域和其他领域的蓄意破坏和推翻社会主义制度的严重犯罪分子，都属于国家的专政职能"。

划分：一种是民族国家意象中的族群划分，根据历史文化的不同，中国人被划分为五十六个族群；一种是共和国意象中的阶级划分，根据对生产资料的占有情况，中国人被划分为不同的阶级。

这两种划分是相互交叉的，同一个族群中有不同的阶级，而同一个阶级中又有不同的族群，但阶级身份与族群身份，或者说阶级认同与族群认同，是可能存在冲突的。当冲突发生时，孰先孰后、孰轻孰重？从宪法序言来看，制宪者认为阶级身份必然优先于族群身份，阶级认同必然优先于族群认同，因此建立在阶级分化之上的人民概念优先于族群概念。不同的族群之所以能够团结在一起，在于他们有共同的或相似的阶级身份，"社会主义者相信，阶级的团结、被剥削者四海一家的感情，以及将会从革命中诞生的一个正义与理性社会的前景，会提供这种不可缺少的社会粘合剂"，"阶级的自由结合将为了全人类的利益而驾驭（族群团结的）自然的力量"。[1] 因此，建立在敌我划分和阶级划分之上的中国人民，是多元族群一体性的规范基础，"各族人民"只是"人民"内部的一种划分，并不因此破坏建立在敌我关系或阶级划分之上的中国人民的一体性。由此也解释了宪法序言为什

---

1 ［英］以赛亚·伯林：《反潮流：观念史论文集》，冯克利译，译林出版社 2002 年版，第 411、405 页。有关马克思主义传统中阶级与民族关系的讨论，参见 Graham Day and Andrew Thompson eds. *Theorizing Nationalism*, Palgrave Macmillan, 2004, p.18–40.

么使用"中国各族人民"而不使用"中国各民族"。[1]

为什么立宪者不使用"中华民族"这个更具有统摄性的概念？根据许崇德教授的记述，"中华民族"一词曾经被写入宪法，但后来被删去了，至于删去的原因，我们不得而知。[2] 中华民族这个概念未能写入宪法，不得不说是一大遗憾，以至于制宪者不得不用阶级概念来统合多元族群，但随着意识形态领域去阶级化的深入，有必要重塑作为政治共同体的中华民族概念，以便建立新的一体性基础。

二 宪法序言中的革命叙事

自美国独立和法国大革命以来，革命、立宪与建国就成为人类历史中重要的政治议题，尤其是在20世纪，特别是在亚非拉诸国。伴随一场成功的革命，必然诞生一个崭新的国家，而立宪正是革命终结之时和国家诞生之刻——革命与建国——的衔接和转换。如卡尔·J.弗里德里希所言："当一个新国家生成，当一个旧国家革新自身，无论在印度还是在

---

[1] 不过，《关于中华人民共和国宪法修改草案的报告》（1982年11月26日在第五届全国人民代表大会第五次会议上的报告）第五节"关于国家的统一和民族的团结"中提到"我国是中华各民族共同缔造的统一的多民族国家"。现在还不清楚，是宪法草案中使用了"中华各民族"而宪法通过时改为了"中国各族人民"，还是该《报告》的用语与草案本身的用语有差别。

[2] "胡乔木说：（1）'中华民族'、'中国大陆'已根据大家的意见删去。"参见许崇德《中华人民共和国宪法史》，福建人民出版社2003年版，第663页。

意大利，无论在尼日利亚还是在法兰西，新的宪法便是那一时期的秩序。当革命成功地实现之时，即使是共产主义革命，也总是要颁布宪法。"[1]卡尔·施米特也认为："随着一场成功的革命，就会立即诞生一个新国家，因此也会立即诞生一部新宪法。"[2]同样的论述也出现在汉娜·阿伦特的著作中："革命除非是终结于恐怖的灾难，否则都会以一个共和国的成立而告终"，"在现代条件下，立国就是立宪"。[3]现代国家的诞生，均以革命作为发生机制，无论是光荣的还是暴虐的。革命是现代性在政治领域的清道夫，而现代革命所孜孜以求的主权和人民主权，最终必然要经由宪法来昭示，由此构成现代社会普遍存在的"革命—立宪—建国"模式。

揆诸中国近代史，辛亥革命之后的中华民国，新民主主义革命之后的中华人民共和国，同样都是伴随着立宪活动而展开的，重述着"革命—立宪—建国"这样一种叙事模式。更为有趣和重要的是，新中国宪法将此种"革命—立宪—建国"叙事写入了宪法序言，这不仅有别于法、美等欧美宪法的传统笔法，亦区别于老大哥苏联的宪法叙事模式。这种自成一体的革命叙事颇为独特，值得关注。

立宪时刻是革命的终结和新国家的开端，是从非常政治

---

1 [美]卡尔·J.弗里德里希：《超验正义——宪政的宗教之维》，周勇、王丽芝译，生活·读书·新知三联书店1997年版，第1页。
2 [德]卡尔·施米特：《宪法学说》，刘锋译，上海人民出版社2005年版，第7页。
3 [美]汉娜·阿伦特：《论革命》，陈周旺译，译林出版社2007年版，第217、108页。

到日常政治的转换，[1]因此宪法（尤其是宪法序言）展现的是制宪者对革命、立宪与建国转承关系的理解。宪法序言经常被视为抽象的、空洞的政治教条，不具有法律意义，法律人不重视，政治学者更是看不上。但实际上，宪法序言不仅是理解整部宪法的基础，更是制宪者在立宪时刻的国家哲学和政法理论的集中表述，是政治与法律的结合点。

就中国而言，除了"七八宪法"制定得过于草率外，每一部宪法的制定都是最高治理者反复斟酌酝酿甚至亲自动手完成的，每一句话都有重要的政法蕴涵，是理解官方政法理论的最好切入点。[2]本文就以新中国历部宪法序言为分析文本，结合当时的政法实践和政法理论，梳理革命叙事在新中国立宪与建国过程中的呈现方式和意义流转，从宪法序言中的革命叙事管窥近代中国革命的政法逻辑。

序言中的"革命"

先看一个粗略的统计，"革命"一词在历部宪法序言中出现的频率如下：[3]《共同纲领》一次，"五四宪法"三次，"七五

---

[1] 有关非常政治与日常政治的论说，参见高全喜《政治宪政主义与司法宪政主义——基于中国政治社会的一种立宪主义思考》，载《从非常政治到日常政治——论现时代的政法及其他》，中国法制出版社2009年版，第3—54页。

[2] 有关新中国历部宪法的详细制定过程和最高治理者的积极参与，参阅许崇德《中华人民共和国宪法史》，福建人民出版社2003年版。

[3] 本章不去辨析《共同纲领》是不是宪法，以及从"五四宪法"到"七五宪法"到"七八宪法"到"八二宪法"这个过程是重新制宪还是修宪这两个问题，而是暂时将它们视为具有连续性的不同宪法。有关《共同纲领》是不是宪法以及是何种意义上的宪法，参见本书第一篇的讨论。

宪法"九次,"七八宪法"十二次,"八二宪法"六次。这个呈抛物线形的出现频率看起来符合人们对革命的直观感觉,但仅仅考察出现频率的高低还不能说明问题,原因在于,革命高潮时期的《共同纲领》中仅仅出现一次,而"去革命"时期的"八二宪法"中却出现了六次;"文革"期间的"七五宪法"中出现了九次,而"文革"结束后的"七八宪法"中竟然出现了十二次。

仔细比较分析历部宪法序言中的革命叙事,就会发现真正的问题和意义所在。新中国成立前高歌猛进的革命运动并非自然延伸到新中国成立之后,从《共同纲领》到"五四宪法"前期,已经经历了一个"去革命"的年代。革命者必须防止"革命可能进行得过头",以免吞噬了来之不易的革命成果。[1]事实上,毛泽东是最早主张党的主要工作方针应该从阶级斗争向经济发展和科学研究转变的领导人之一,并且党的"八大"宣布阶级斗争已经结束。但当党的领袖地位面临新的挑战、社会主义建设事业遇到新的挫折后,阶级斗争理论再度兴起,进而开启了从"反右"到"文革"的革命回潮。[2]而"文革"结束之后,又迅速进入一个新的"去革命"的时代。

---

1 [英]以赛亚·伯林:《苏联的心灵》,潘永强、刘北成译,译林出版社2010年版,第101—102页。
2 林伟然:《一场夭折的中国文化启蒙运动——阶级斗争理论和文化大革命》,威斯康星大学1996年博士学位论文,第27—28页。

为什么会出现此种反复和波动，学者已经作过诸多解释。本文从宪法序言出发，提供另一个理解的视角。纵览宪法序言中的全部革命叙事，可以发现三个值得注意的现象：

首先，历部宪法序言中的革命叙事，总是与"三座大山"联系在一起。这有什么特殊的意义？又会带来什么样的后果？

其次，"七五宪法"序言和"七八宪法"序言中出现了新的革命叙事，即无产阶级专政下的继续革命。该如何理解革命者所主导的继续革命？

最后，"八二宪法"序言中出现革命叙事的回归，第一层回归是向《共同纲领》的回归，第二层回归是向传统中国政治的回归。正是这两个层面的回归，使得近代中国完成了"去革命"，从而为"以自由立国"开辟了新的起点，重启了立宪时刻。

三座大山与全面革命

在五部宪法序言中，革命叙事都与"三座大山"联系在一起。如《共同纲领》开篇写道："中国人民解放战争和人民革命的伟大胜利，已使帝国主义、封建主义和官僚资本主义在中国的统治时代宣告结束"；"五四宪法"开篇写道："中国人民经过一百多年的英勇奋斗，终于在中国共产党领导下，在一九四九年取得了反对帝国主义、封建主义和官僚资本主义的人民革命的伟大胜利……"其后的历部宪法序言都重复着同一种推翻"三座大山"的革命叙事，并且基本上都将这样一种叙事置于宪法序言的开篇处,[1]从而使得推翻"三座大山"成为新中国立宪与立国的基石和出发点。

对于本文的论题来说,推翻"三座大山"的革命叙事充分表明,近代中国的革命是一场全面革命。"三座大山"不是简单的革命宣传口号,而是对新民主主义革命作出的最为精当的理论概括,以至于"三座大山"具有一种无可比拟的言语力量,激发起国人的革命热情。反抗帝国主义是一场民族／国家革命,目标是领土完整和主权独立;反抗封建主义是一场社会革命,目标不仅仅是平均地权,同时还要彻底摧毁传统社会结构,与旧中国彻底决裂;反抗官僚资本主义是一场政治革命,是国共两党争夺统治权的斗争。民族／国家革命、社会革命和政治革命的联袂登场,牵涉到"古今中西"不同层面上的诸多问题,可谓三千年未有之大变局,注定了近代中国革命的极端复杂性,牵一发而动全身。这种复杂性是理解近代中国革命、立宪与建国的基础性框架结构。

宪法序言将近代中国革命的起点定在1840年,这正是中国捍卫主权独立和领土完整的开端,也就是反抗帝国主义的民族／国家革命的开端,当然更是现代中国国家建构的开端。自此之后的社会革命和政治革命都要在1840年开始的民族／国家革命的脉络里来理解,正是民族／国家革命的屡

---

[1] "八二宪法"稍有例外,不是以推翻"三座大山"开篇,而是以"中国是世界上历史最悠久的国家之一。中国各族人民共同创造了光辉灿烂的文化,具有光荣的革命传统"开篇,其中的缘由详见本文第四部分的分析。

战屡败，催发出了彻底变革中国社会结构的社会革命，并由此引发出国共两党路线之争的政治革命。

社会革命所要解决的不仅仅是贫富差别问题，甚至可以说主要不是贫富差别问题，而是中国传统社会的社会结构问题。辛亥革命摧毁了传统中国的政治结构，随后的军阀混战造成的政治瘫痪，使得中共领导的革命要彻底摧毁军阀政治赖以生存的社会结构。[1] 传统中国大传统和小传统的二元社会结构，使得国家权力并不直接深入社会基层，而是由士绅阶层代为包办。以土地革命为核心的社会革命，正是要打破此种二元结构，消灭士绅阶层的政治权力，将国家的权力触角直接深入社会的最基层，直至每一个个体。不仅个体的身体被纳入权力网络之中，经过深入人心的阶级斗争教育，权力触角也深深地扎入人的心灵中。因此，所谓的"封建主义"，当然不是西欧中世纪分封建制意义上的封建主义，也不是传统中国"封建—郡县"意义上的封建主义，而是指中国的传统社会结构，推翻封建主义，就是要推翻一切传统的政治统治和社会结构。对于现代中国来说，社会革命是最为根本也最为彻底的一场革命，甚至可以说也是影响最为深远的革命。

最后，政治革命是国共两党在国家革命和社会革命上的

---

[1] 晚清政府为镇压太平天国叛乱，支持地方练兵，曾国藩的湘军和李鸿章的淮军应运而生，此种脱离中央权威控制的地方军事力量的兴起，是 20 世纪早期中国军阀政治的源头。有关军阀政治的社会结构基础的讨论，参见陈志让《军绅政权——近代中国的军阀时期》，广西师范大学出版社 2008 年版。

分歧无法以协商的方式解决时,自然会产生的政治斗争。矛盾激化的最直接表现,便是内战,亦如美国南北内战一样。当然,政治革命背后有着深厚的国际政治背景,是世界范围内的两种政治力量与意识形态斗争在中国的具体投射。事实上,何止是政治革命,国家革命和社会革命也深深地嵌入近代世界经济与政治之中,"对所有现代社会革命而言,其原因与成就都与世界范围内的资本主义经济发展和民族国家形成的不均衡状况有着紧密的关系"。"国际性国家体系的这种发展——尤其是战争中的失败、入侵的威胁和反殖民控制的斗争——实际上直接推动着所有革命性危机的爆发。"[1]

中国的全面革命不同于英、美、法、俄等国的革命。英国的光荣革命仅仅是统治权之争,是一场政治革命,基本上无涉主权问题和社会问题;美国革命是一场殖民地脱离宗主国的分离运动,类似于一场民族/国家革命,但基本上无涉社会革命和政治革命;法国革命和俄国革命类似于中国革命,涉及社会革命和政治革命,但其深度和广度都不及中国,而且两个国家都不涉及严重的民族/国家革命问题。因此,无论将中国革命视为第三世界的民族解放革命,还是视为一种"农民/共产主义革命",都不足以概括中国革命的

---

[1] [美]西达·斯考切波:《国家与社会革命——对法国、俄国和中国的比较分析》,何俊志、王学东译,上海人民出版社2007年版,第20、24页。

宪法何以中国

复杂性。[1]

全面革命的意义在于，三场革命同时进行，相互牵连转化，任何一场革命的未完成，都不会带来所谓的"革命的反革命"，即实现真正的宪制。建国之后的朝鲜战争、中苏冲突可谓国家革命的延续；"土改""破四旧"可谓社会革命的延续；"反右""文革"可谓政治革命的延续。而且，这些革命事件之间都有着相互的牵连："苏联领导人挑起中苏论战，并把两党之间的原则争论变为国家争端，对中国施加政治上、经济上和军事上的巨大压力，迫使我们不得不进行反对苏联大国沙文主义的正义斗争。在这种情况的影响下，我们在国内进行了反修防修运动，使阶级斗争扩大化的迷误日益深入到党内，以至党内同志间不同意见的正常争论也被当做所谓修正主义路线的表现或所谓路线斗争的表现，使党内关系日益紧张化。"[2] 外部局势的紧张必然使得内部控制加紧。此外，

---

1 有关美、法革命的比较，参见前引阿伦特的《论革命》；有关法、俄和中国革命的比较，参见前引斯考切波的《国家与社会革命——对法国、俄国和中国的比较分析》。斯考切波对中国革命的分析，主要集中在社会革命这个层面上，将国家革命和政治革命作为背景和条件，不过斯考切波低估或者说淡化了民族/国家革命对社会革命的决定性意义，抛开民族/国家革命带来的存亡危机，就无法解释斯考切波眼中软弱的农民和脆弱的士绅如何能够卷入如此剧烈的社会变革中。

2 《关于建国以来党的若干历史问题的决议》第（24）节。汪晖也作了类似的论断："从中苏论战到'文革'时期的一系列理论辩论都证明这两个政治运动之间有着直接的联系。毛泽东发动'文革'，部分原因产生于对于苏联社会主义演变的估计，即认为演变很可能直接产生于领导集团（如1965年8月11日听取罗瑞卿汇报时的插话和1965年八九月间在中央工作会议上的讲话等）。出于对中央上层可能出现或已经出现修正主义的估计，毛泽东认为除了发动群众之外，（转下页）

"大跃进"和人民公社的受阻,经济建设中的挫折,也会使党内的意见分歧转化为路线斗争,"1958年到1960年间的大跃进实验表明,这种方式搞得一团糟。结果在60年代,中共围绕政策的抉择展开了激烈斗争。……这场党内路线斗争最终发展成为1965年到1968年'无产阶级文化大革命'期间由毛泽东发动的群众造反运动(以及由军队接管权力)"。[1] 可以说内外交困是新中国成立后阶级斗争再度兴起的重要原因,由此其试图通过继续革命,打破困局。

宪法序言将革命叙事与"三座大山"联系在一起,并置于序言的篇首,实际上是将新中国建立在摧毁"三座大山"的基础上,并由此赋予新中国政治上的正当性,也就是说,新中国的正当性是建立在摧毁"三座大山"这一革命后果之上的,这样的叙事结构非常独特。美国宪法序言以虚拟的社会契约作为基础,以"我们美国人民"缔结宪法契约作为美国的创世记,独立战争仅仅作为历史,在制宪时刻立即被遮蔽掉。即便是激进革命的鼻祖法国革命,革命成功后制定的宪法也以天赋人权和社会契约作为基础,将革命本身遮蔽掉,虽然最终仍无法避免不断革命的悲剧。但中国的立

(接上页)没有别的办法阻止这一进程。正是这一群众运动的构想和实践使得毛泽东试图将'政治'从政党和国家的领域中解放出来。"参见汪晖《去政治化的政治——短20世纪的终结与90年代》生活·读书·新知,三联书店2008年版,第4页,注[2]。

[1] [美]西达·斯考切波:《国家与社会革命——对法国、俄国和中国的比较分析》,何俊志、王学东译,上海人民出版社2007年版,第319页。

宪和建国却是革命叙事的延续,并牢牢地建立在革命的基础之上,虽然就《共同纲领》、"五四宪法"和"八二宪法"而言,革命也仅仅是作为历史而存在,但革命叙事仍然是宪法书写的一贯笔法,其中的缘由就在于,新中国的政治正当性是一种革命正当性,其结果就是以不断革命的方式巩固正当性基础。

共产主义理想下的"继续革命"

与《共同纲领》和"五四宪法"比较,"七五宪法"和"七八宪法"序言中出现一些新的革命话语,如社会主义革命、无产阶级革命、"文化大革命"、继续革命、革命统一战线,其中社会主义革命是相对于新民主主义革命而言的,革命统一战线是从人民民主统一战线转化而来,到"八二宪法"中进一步发展为爱国统一战线。与此同时,人民民主专政也转化为无产阶级专政。所有这些新的革命话语可以统称为"无产阶级专政下的继续革命的理论"。[1] 毛泽东这一"关于国家学说的伟大理论"被定为"七五宪法"的指导原则,并影响到了"七八宪法"的制定。[2]

继续革命论当然不是中国首创,早在法国大革命时就已经有了继续革命的理论与实践:"不是在我们的时代,而正

---

[1] 《关于建国以来党的若干历史问题的决议》第(19)节。
[2] 许崇德:《中华人民共和国宪法史》,福建人民出版社2003年版,第423页。

是在十九世纪中叶，杜撰出了'不断革命'，甚或更加生动的永久革命（蒲鲁东）。随之就是这样一种观念：'从来就没有几次革命这回事儿，革命只有一次，一次相同的、永久的革命。'"[1]

通常的革命都是被统治者革统治者的命，是自下而上的革命，而继续革命论却是统治者所主导的、以统治者阶层为对象的革命。继续革命不能简单地理解为对反革命分子的专政，因为无产阶级专政是一直未被放弃的理念，并且在宪法序言中不断得到重申。同时，无可否认的是，继续革命中不可避免地会掺杂私人恩怨与权力斗争，但如果仅仅以此来解释继续革命，又未免过于肤浅和简单。继续革命在法国和中国的出现，注定有其内在的必然性，就中国而言，此种必然性不仅涉及上面提到的"三座大山"，还涉及宪法序言中隐含的共产主义理想。

既然新中国是建立在推翻"三座大山"的基础之上的，那么推翻三座大山的革命叙事实际上就是新中国的正当性叙事。因此，防范"三座大山"的死灰复燃是新中国维持其政治正当性的必然之举，要时时刻刻警惕和消灭帝国主义、封建主义和官僚资本主义残余。社会主义改造实际上就是要清除"三座大山"的残余，维持社会主义纯之又纯的本性。当然，这种纯洁性的要求不仅体现在政治体制和社会结构上，更体现在意识形态上，所以称之为文化上的革命。纯洁性意味着

---

[1] ［美］阿伦特：《论革命》，陈周旺译，译林出版社2007年版，第39页。

必然性，意味着绝对性，"眼里揉不得半点沙子"，最终成为路线之争和意识形态斗争。

"三座大山"的起点同时意味着一个没有"三座大山"的新世界，那个终点就是宪法序言中隐含着的共产主义乌托邦，而实现以富强为核心的社会主义现代化这个可欲而可求的现实目标，是迈向共产主义的第一步。因此，从摧毁"三座大山"出发，经由建设富强的社会主义现代化，奔向共产主义，是新中国政治的时间观。"中国革命最终导致了一个发展导向的共产主义政权。"[1] 也正因为如此，所有的宪法都必然是过渡性的、阶段性的宪法，都是以富强的社会主义现代化和共产主义为目标的"导向性"宪法。如毛泽东曾在"五四宪法"起草委员会上所说，这部宪法"是过渡时期的宪法，大概可以管15年左右"。[2] "是社会主义类型的宪法，但还不是完全社会主义的宪法，它是一个过渡时期的宪法。"[3]

正是在此种"发展导向"下，革命的目标是"使社会的生命过程摆脱匮乏的锁链，从而可以不断高涨，达到极大丰富，取之不尽，用之不竭。不是自由，而是富足，现在成为了革命的目标"。[4] 一切阻碍这一目标实现的事物，必须被坚

---

[1] ［美］西达·斯考切波：《国家与社会革命——对法国、俄国和中国的比较分析》，何俊志、王学东译，上海人民出版社2007年版，第43页。
[2] 许崇德：《中华人民共和国宪法史》，福建人民出版社2003年版，第433页。
[3] 毛泽东：《关于中华人民共和国宪法草案》，载《毛泽东选集》第5卷，人民出版社1977年版，第131页。
[4] ［美］阿伦特：《论革命》，陈周旺译，译林出版社2007年版，第52页。

决地清除掉。革命成为清道夫，负责铲除通向共产主义的康庄大道上的一切障碍，主要是思想障碍。因此，革命就是建设，反过来建设也是革命，这就不难理解在"七五宪法"和"七八宪法"序言中，生产斗争和科学实验是与阶级斗争并列的三大革命运动。只有明乎"三座大山"牵连出的政治纯洁性，以及宪法序言中暗含的奔向共产主义，才能理解"七五宪法"和"七八宪法"中的继续革命论。它是此种必然性的逻辑展开。

阶级斗争是革命的核心内容，置身于以摧毁"三座大山"为起点、以实现共产主义为目标的新中国的政治时空中，诚如林伟然的研究所表明的，存在着两种不同的阶级斗争理论："文化大革命以前占主导的阶级斗争理论，我把它作为旧的阶级斗争理论；文化大革命晚期被造反派所支持的阶级斗争理论，我把它作为新的阶级斗争理论。"[1] 对于旧的阶级斗争理论，我们已经耳熟能详，这也是对"文化大革命"中阶级斗争的惯常理解，"文革"被视为阶级斗争的扩大化。对于新的阶级斗争理论，很少有人提及，这也是林伟然以《一场夭折的中国文化启蒙运动》作为论文名的主要原因。

新的阶级斗争理论的提出，主要是因为新中国成立后，异化出一个新的阶层，即官僚阶层，在毛泽东看来，这个官僚阶层已经成为一个独立的"官僚主义者阶级"，是新的阶级斗

---

[1] 林伟然：《一场夭折的中国文化启蒙运动——阶级斗争理论和文化大革命》，威斯康星大学 1996 年博士学位论文，第 151 页。

争的对象。布尔什维克的革命者也有同样的看法，如"托洛茨基认为过于稳固的官僚机构存在一种危险，很可能会像一道闸——如所有的既得利益者——阻碍革命的进一步发展"。[1]

毛泽东为什么要将官僚阶层定性为一个阶级，而且作为革命的对象，这就涉及以赛亚·伯林所说的"任何通过革命建立起来的政权毫无例外地都会受到两种主要威胁"中的第二种，即"革命最初的心气一过，热情（包括精力）就会减弱，动力也变得不那么强烈和纯粹，对英雄主义、牺牲精神、献出生命和财产产生厌恶，正常的习惯又重新恢复，一开始那种大胆而又骄傲的试验气魄将慢慢减退，并最终在卑鄙的腐败和堕落中消失殆尽"。因此，"革命的推进需要那些更有想象力、更铁血、更有胆魄、更坚决的执行者——他们从未想过世界革命的进程会半途而废"。[2] 面对当时日渐严重的官僚腐化和由此造成的社会不平等，对"官僚主义者阶级"的斗争，实际上是要重新唤起他们的革命激情，重申无产阶级革命对革命者的伦理要求。当这个目标无法以个人的威望通过教育的方式实现时，发动群众，以"一个阶级推翻一个阶级"的政治大革命的方式来实现，就成为最后的选择。因此，继续革命所诉诸的大民主必须在共产主义理想下来理解，才

---

1 [英]以赛亚·伯林：《苏联的心灵》，潘永强、刘北成译，译林出版社2010年版，第129页。
2 [英]以赛亚·伯林：《苏联的心灵》，潘永强、刘北成译，译林出版社2010年版，第102、129页。

能体味其逻辑必然性。

基于上面的分析,可以说继续革命实际上是政治纯洁性的催逼之下、共产主义理想无法继续推进之时的非常之举。"文革"结束后,意识形态之争被冻结或回避掉,自此进入日常政治中。

革命叙事的回归

在"去革命"时代制定的"八二宪法",面对着继续革命带来的民族灾难,并没有简单地将"革命"一词从宪法序言中删除了事,而是仍然延续着"革命—立宪—建国"的叙事传统。不过,"八二宪法"序言巧妙地实现了革命叙事的回归,而且是两个层面上的回归:一方面回归到《共同纲领》和"五四宪法",另一方面回归到中国政治传统。

"革命"一词在宪法序言中虽然出现多次,但基本上可以分为两大类:一类是作为历史存在的革命,如人民革命、新民主主义革命、辛亥革命,在制定宪法时,这些革命已经完成,重述这些革命,目的是为立宪和建国寻求正当性基础;另一类是作为当下存在的革命,如社会主义革命、"文化大革命"、继续革命,这些革命正在进行中,将这些革命写入宪法,意在以宪法来保障这些革命进行的正当性。前一类是革命赋予宪法正当性,主要出现在《共同纲领》、"五四宪法"和"八二宪法"中,后一类是宪法赋予革命正当性,主要出现在"七五宪法"和"七八宪法"中。

《共同纲领》中"革命"一词只出现一次，即开篇"中国人民解放战争和人民革命的伟大胜利……"。"胜利"意味着革命基本完成，革命已经成为历史，自此进入了后革命时代，革命叙事实际上是在为立宪和建国作历史铺陈，是立宪和建国的序曲。在"八二宪法"序言中，"革命"一词虽然出现了六次，但所述革命都是作为历史存在的革命，都是过去时，所要表明的是革命已经结束，现在进入了一个后革命时期，这是对"七五宪法"和"七八宪法"中继续革命的反拨，完成了"革命的反革命"，为宪制建设重辟起点。因此，"八二宪法"中的革命叙事是对《共同纲领》和"五四宪法"中的革命叙事的回归，中国的宪制建设在"七五宪法"和"七八宪法"上绕了个弯，现在又回到了最初的起点。

"八二宪法"中革命叙事的另一个回归是对中国政治传统的回归。"八二宪法"序言开篇写道："中国是世界上历史最悠久的国家之一。中国各族人民共同创造了光辉灿烂的文化，具有光荣的革命传统。""具有光荣的革命传统"一语，将一百多年来的中国革命接续到旧中国的政治传统中，使得革命不再是十月革命一声炮响送来的。"这一段在起草过程中争论很大"，焦点是"改朝换代"算不算真正意义上的革命，支持者认为"此处讲的是人民，中国人民有革命传统，这与改朝换代是两回事"。[1] 其实改朝换代是不是真正意义上的革

---

[1] 许崇德：《中华人民共和国宪法史》，福建人民出版社2003年版，第671—672页。

命并不重要，制宪者的真正关怀不在于此，而在于如何为近代中国革命寻找新的精神源头。

这个问题具有双重意义：第一，将近代革命纳入传统中国革命叙事中，实际上是在为近代中国革命乃至近代中国寻找新的正当性渊源，使得近代中国革命在天命流转的古典意义上重新获得新一层的正当性，乃至正统性；第二，将革命叙事接续到传统中国，也是对马克思主义传统中的革命叙事的淡化。虽然这种回归并不彻底，但却留下了足够的可能性，有足够的阐释空间。不要忘记，"八二宪法"也是政治妥协的产物，传统资源能够获得一席之地，比起彻底打倒孔家店已经进步多了。

这种巧妙的政治修辞，通过回溯传统，以应对当下的危机，迂回曲折地完成去革命化的过程。而所谓的去革命化，实际上是"去政治化"，但是"'去政治化'这一概念所涉及的'政治'不是指国家生活或国际政治中永远不会缺席的权力斗争，而是指基于特定政治价值及其利益关系的政治组织、政治辩论、政治斗争和社会运动，亦即政治主体的相互运动"。[1] 正因为如此，革命叙事的回归，只是暂时冻结了革命正当性危机，通过使宪法不进入法院这样的技术性措施，以及"不争论""不折腾"这样实用主义的价值取向，将革命

---

[1] 汪晖：《去政治化的政治——短20世纪的终结与90年代》，生活·读书·新知三联书店2008年版，第37页。

叙事封存起来。制宪者深谙，"在一个以马克思主义理论为核心教义的体制中，任何触动马克思主义理论基础的举动都是不切实际的"。[1] 如何重新书写"革命—立宪—建国"这一叙事传统，抑或摒弃这一传统，建立新的叙事，寻求新的正当性，是制宪者无法回避也不应该回避的问题，可以被搁置、冻结乃至拖延，但最终无法不去面对。

新旧政法传统交汇转型之际，出现了诡异的二元政治或者说多元政治情形，不仅表现在意识形态层面上，也表现在制度层面上。仍以宪法来说，一面是以革命话语为核心的旧的政法传统，在宪法序言和总纲中默不作声；一面是以人权与法治话语为核心的新的政法传统，在"公民的基本权利和义务"以及"国家机构"中热闹非凡。两者并存于整部宪法之中，发挥着各不相同的作用，冲突、抵牾在所难免，但又共同掌控着新老交替的政法时局，可谓一景。而革命话语正是在这样的场景下，逐渐地"去政治化"。至于是否再次回潮，全看新的政法传统能否建立起新的正当性，能否容纳、消解或转化宪法序言中的革命叙事。

宪法序言中提供了一种可能性，即诉诸人民主权。宪法序言宣告："中国人民掌握了国家的权力，成为国家的主人。"此一宣告在"总纲"第二条得到重申："中华人民共和国一

---

[1] ［英］以赛亚·伯林：《苏联的心灵》，潘永强、刘北成译，译林出版社2010年版，第106页。

切权力属于人民。"事实上,宪法序言提供了两套正当性叙事,其一是前面所述的"革命—立宪—建国"叙事,其二是抽象的人民主权叙事,并具体落实为宪法正文中的人民代表大会制度。"八二宪法"中革命叙事的回归,实际上已经借用了人民主权叙事,强调近代中国革命与传统中国改朝换代的内在勾连在于两者的主体都是人民。由此可以说,革命是人民主权在非常政治时期的运用,而代议制(人民代表大会制度)则是人民主权在日常政治时期的呈现。只有如此,去革命才不会变成去政治,并借此重构正当性叙事。

三 新的宪法观与世界主义

按照惯常的理解,宪法处理的是一国内部的政治构造问题,通常无涉国家间政治,后者是国际法的主题。[1]但是如果仔细阅读宪法史就会发现,制宪者在思考一国内部政治构造的时候,背后都有其对世界秩序的认知或者想象,并且在内部政治构造中有所展现。就中国宪法史而言,可以观察到一个特别有趣的现象:从《共同纲领》到"八二宪法",都包

---

[1] 不过已经有学者指出,宪法与国际法之间的这种区分不成立,作为公法的宪法和国际法实际上具有诸多的相似性,比如不确定性问题、执行力问题、主权问题,这一研究也从侧面证明本文所要讨论的问题,即不存在绝对的内政或绝对的国际秩序,两者是一体两面的。参见 Jack Goldsmith & Daryl Levinson, "Law for States: International Law, Constitutional Law, Public Law," *Harvard Law Review*, Vol. 122: 7, p.1792–1868(2009).

含着有关外交政策或者国际事务的表述。不同时期的宪法文本中，此种表述又有很大差异，并且这种差异与制宪者对中国国家性质的界定是完全同步的。由此可以初步论断，制宪者在制定宪法的时候，对国家性质的认知与对世界秩序的构想其实是一体两面的，有什么样的国家观就有什么样的世界主义，反之亦然。也就是说，制宪者的国家观与世界主义是相互构造的。

宪法序言中的中国与世界

宪法序言是制宪者在立宪时刻的国家哲学与政法理论的集中表述，不仅牵涉到"中国"的界定，同时还不可避免地涉及对世界秩序的认知。现代国家普遍具有两种属性，即民族国家属性与共和国属性，两者通常是相互关联的或一体两面的，如法兰西共和国、德意志联邦共和国，国名之中同时内含着民族属性和共和属性，中国自然也不能例外。"中华人民共和国"同时内含了民族属性（中华）和共和属性（人民共和国），两种属性之间有时会存在内在的紧张甚至冲突。宪法序言以及正文中的部分条款表述了中国的这两重属性。但中国既不是西方经典意义上的民族国家，也不是西方经典意义上的共和国，因此两种表述都充满了中国性。[1] 有意思的

---

[1] 西法东渐过程中法的中国性问题，参见王人博《1840 年以来的中国》，九州出版社 2020 年版。

是，宪法中有关中国的民族国家面向的表述是一以贯之的，而有关中国的共和国面向的表述却始终处于不断的修正之中，与之相应的则是外交条款中不断修正的世界主义的认知和表述。

《宪法》中关于中国与世界的表述的简单列表[1]

	有关中国的表述	有关世界秩序的表述
共同纲领	使中华人民共和国成为各民族友爱合作的大家庭； 中华人民共和国为新民主主义即人民民主主义的国家，实行工人阶级领导的、以工农联盟为基础的、团结各民主阶级和国内各民族的人民民主专政。	中华人民共和国外交政策的原则，为保障本国独立、自由和领土主权的完整，拥护国际的持久和平和各国人民间的友好合作，反对帝国主义的侵略政策和战争政策。凡与国民党反动派断绝关系，并对中华人民共和国采取友好态度的外国政府，中华人民共和国中央人民政府可在平等、互利及互相尊重领土主权的基础上，与之谈判，建立外交关系。
五四宪法	统一的多民族国家； 建立了人民民主专政的中华人民共和国。中华人民共和国是工人阶级领导的、以工农联盟为基础的人民民主国家。	我国同伟大的苏维埃社会主义共和国联盟、同各人民民主国家已经建立了牢不可破的友谊，我国人民同全世界爱好和平的人民的友谊也日见增进，这种友谊将继续发展和巩固。我国根据平等、互利、互相尊重主权和领土完整的原则同任何国家建立和发展外交关系的政策，已经获得成就，今后将继续贯彻。在国际事务中，我国坚定不移的方针是为世界和平和人类进步的崇高目的而努力。

---

[1] 宪法文本中的表述与宪法实践之间有时会有背离以及时间差，并不能完全一一对应，比如"七五宪法"中表述的外交原则早在"七五宪法"之前就开始实践了，因此这个材料梳理展示出来的是外交哲学和世界主义认知的大致变化过程。

续表

	有关中国的表述	有关世界秩序的表述
七五宪法	统一的多民族国家；中华人民共和国是工人阶级领导的以工农联盟为基础的无产阶级专政的社会主义国家。	在国际事务中，我们要坚持无产阶级国际主义。中国永远不做超级大国。我们要同社会主义国家、同一切被压迫人民和被压迫民族加强团结，互相支援；在互相尊重主权和领土完整、互不侵犯、互不干涉内政、平等互利、和平共处五项原则的基础上，争取和社会制度不同的国家和平共处，反对帝国主义、社会帝国主义的侵略政策和战争政策，反对超级大国的霸权主义。
七八宪法	统一的多民族国家；中华人民共和国是工人阶级领导的以工农联盟为基础的无产阶级专政的社会主义国家。	在国际事务中，我们要在互相尊重主权和领土完整、互不侵犯、互不干涉内政、平等互利、和平共处五项原则的基础上，建立和发展同各国的关系。我国永远不称霸，永远不做超级大国。我们要坚持无产阶级国际主义，按照关于三个世界的理论，加强同全世界无产阶级、被压迫人民和被压迫民族的团结，加强同社会主义国家的团结，加强同第三世界国家的团结，联合一切受到社会帝国主义和帝国主义超级大国侵略、颠覆、干涉、控制、欺负的国家，结成最广泛的国际统一战线，反对超级大国的霸权主义，反对新的世界战争，为人类的进步和解放事业而奋斗。
八二宪法	统一的多民族国家；中华人民共和国是工人阶级领导的、以工农联盟为基础的人民民主专政的社会主义国家。	中国革命和建设的成就是同世界人民的支持分不开的。中国的前途是同世界的前途紧密地联系在一起的。中国坚持独立自主的对外政策，坚持互相尊重主权和领土完整、互不侵犯、互不干涉内政、平等互利、和平共处的五项原则，发展同各国的外交关系和经济、文化的交流；坚持反对帝国主义、霸权主义、殖民主义，加强同世界各国人民的团结，支持被压迫民族和发展中国家争取和维护民族独立、发展民族经济的正义斗争，为维护世界和平和促进人类进步事业而努力。

《共同纲领》要"使中华人民共和国成为各民族友爱合作的大家庭",这个"大家庭"自"五四宪法"以后,历部宪法均将其界定为"统一的多民族国家"。中国不是现代西欧意义上典型的民族国家,事实上没有任何一个国家是经典的"一个民族、一个国家"。在从清帝国到现代国家的蜕变过程中,中国努力地以西方的样本塑造自己的民族国家形象,并希望以中华民族来统摄境内的所有族群;但族群的多元是个不争的事实,因此中华民族只能呈现为"多元一体格局",中国只能呈现为"统一的多民族国家"。[1] 所谓的民族国家面向,宪法中更多地表述为主权国家,主权独立和领土完整是最基本的原则。中国作为民族国家,屹立于世界民族之林,所追求的就是宪法序言中反复申说的"互相尊重主权和领土完整、互不侵犯、互不干涉内政、平等互利、和平共处五项原则"。

由于中国近代历史上的惨痛遭遇,制宪者习惯性地将这个世界民族之林视为霍布斯意义上的自然状态,表现为一种列强秩序,所以反帝、反霸、反殖是这个层面上的世界秩序的核心主题。[2] 这是制宪者对国际秩序的基本构想,但当我们

---

[1] 关于宪法序言中呈现的中国的民族国家意象和共和国意象的详细分析,参见翟志勇《宪法中的"中国"——对民族国家与人民共和国意象的解读》,《文化纵横》2010 年第 6 期,第 75—81 页。

[2] 关于中国基于近代史的遭遇而来的根深蒂固的列强秩序观及其未来的转型,参见于向东、施展《从"民族意识"到"民族精神"——外交哲学对谈之六》,《文化纵横》2014 年第 1 期,第 80—94 页,特别是第 88—90 页。另见李永晶《不必老是抱怨"列强"》,载《上海书评》,http://www.dfdaily.com/html/1170/2013/6/23/1019010.shtml,2015 年 1 月 25 日访问。

考虑中国作为共和国的面向时，问题会变得更为复杂，不再那么清晰明了和一以贯之了。

对中国共和国属性的界定，不是简单的内政问题，同时牵涉对世界秩序的判断与应对。《共同纲领》将中国界定为新民主主义即人民民主主义国家，虽然也强调了人民民主专政，但与之相应的外交政策除了反对帝国主义战争外，主要是在主权独立和领土完整上对于"持久和平"和"友好合作"的追求。

"五四宪法"将中国界定为人民民主专政国家，比《共同纲领》略进一步，从人民民主主义到人民民主专政，与之相应的外交政策则突出了与苏联及其他人民民主国家的联盟和密切关系，两个世界的世界秩序构想基本呈现出来。但纵观《共同纲领》和"五四宪法"时期，国内主要强调人民民主，国际主要强调独立与和平。

到了"七五宪法"和"七八宪法"时期，风向完全变了。这两部宪法均将中国界定为"无产阶级专政的社会主义国家"，无产阶级专政取代了人民民主专政，社会主义国家的性质被凸显出来，无产阶级专政下继续革命理论成为宪法指导思想。与之对应的外交政策具有三个重要特征：其一，由于与苏联的交恶，反对社会帝国主义、反对霸权主义被凸显出来；其二，强化无产阶级国际主义；其三，毛泽东的"三个世界理论"成为标准的世界主义认知和处理国际问题的指导原则。两个世界的对抗体系，演化为三个世界的复杂关系。

到了"八二宪法",无产阶级专政又让位给人民民主专政,与之对应的外交政策则显示出与世界和解的迹象,虽然依然坚持反帝、反霸、反殖,但这已经不再是外交政策的首要原则,首要原则是强调中国与世界的紧密联系和密不可分。

从以上分析可以看出,对于制宪者而言,国家观与世界主义是相互构造的,有什么样的国家观就有什么样的世界主义构想,反之亦然。中国作为民族国家,处于世界民族之林的竞争之中,通过反帝、反霸、反殖,在构想的列强秩序中维护主权与领土完整,表现出强烈的民族主义倾向;中国作为社会主义国家,又使得这种斗争不是孤立国家个体之间的相互斗争,而是两个乃至多个不同国家体系之间的对抗,充满革命外交的世界主义倾向。宪法序言中交织着制宪者的民族主义与世界主义,但无论话语体系如何变化,都揭示出一个基本的事实,那就是中国内嵌在这个世界之中,因此中国的国家性质被构想中的世界秩序所决定,反过来也决定性地影响着世界秩序。随着中国日益崛起并深度融入世界,"未来的世界秩序是中国加入这个秩序的过程所定义的。未来的中国也是中国加入这个世界秩序的过程所定义的"。[1]

---

[1] 刘苏里、于向东:《世界秩序中的中国——刘苏里对话于向东》,载高全喜主编《大观》第 8 卷,法律出版社 2012 年版,第 285 页。

敌友之分与革命外交

这样一个相互构造的国家观与世界主义，究其本质，是建立在敌友之分与革命叙事之上的。新中国历部宪法在序言中都展现了"革命—立宪—建国"这一叙事模式，其基础正是敌友之分。不仅是中国，而且整个世界都被纳入敌友之分的对抗性的体系之中。只有从这个角度出发，才能更好地理解宪法序言中外交条款所展现出的制宪者的世界主义构想和革命外交的本质所在。

在制宪者眼中，中国本身就是一个对抗性的体系，民主与专政的辩证法是其政治表述。早在1925年发表的《中国社会各阶级的分析》开篇，毛泽东就明确指出："谁是我们的敌人？谁是我们的朋友？这个问题是革命的首要问题。中国过去一切革命斗争成效甚少，其基本原因就是因为不能团结真正的朋友，以攻击真正的敌人。"[1]这一思想贯穿毛泽东一生，也决定性地影响着制宪者的国家观与世界主义。

在宪法序言中，敌人通常被抽象地表述为"三座大山"：反抗帝国主义意味着一场民族／国家革命，目标是主权独立和领土完整；反抗封建主义意味着一场社会革命，彻底摧毁并重建基层社会，将权力的触角伸向每一个具体的个体，直

---

[1] 毛泽东：《中国社会各阶级的分析》，载《毛泽东选集》第1卷，人民出版社1991年版，第3页。请注意，这是《毛泽东选集》第一卷中第一篇文章的开头第一句话。

至灵魂深处；反抗官僚资本主义意味着一场政治革命，是争夺统治权的斗争，也是对中国共和国属性的定义权之争。反抗"三座大山"意味着近代中国革命是一场融国家革命、社会革命和政治革命于一体的全面革命，三场革命同时进行，相互牵连转化，任何一场革命未完成，革命都不会真正地终结。[1]

这样一场全面革命，在国内具体化为不断调整的阶级区分与斗争，在国际上表现为持续的反帝、反殖、反霸，以及无产阶级和被压迫人民的国际斗争。新中国宪法叙事是一种革命正当性叙事，只有不断地制造并维持敌友之分，才能稳固革命正当性叙事的基础。当然，如下文将要指出的，这样一种革命正当性叙事在"八二宪法"以及其后的历次修正案中已经开始逐步转化为改革开放的正当性叙事。

与反抗"三座大山"相应的则是通过统一战线及政治协商组织，确定"谁是我们的朋友"。宪法序言中通常会有一个段落来阐述统一战线及其组织形式。从"五四宪法"中的"人民民主统一战线"，到"七五宪法"和"七八宪法"中的"革命统一战线"，再到"八二宪法"中的"爱国统一战线"，修饰语的变化意味着统战对象即朋友内涵和范围的不断调整。当然，统一战线并不仅限于国内，与反帝、反殖、反霸相应的，

---

[1] 有关"革命的反革命"的具体论述，参见高全喜《宪法与革命及中国宪制问题》，载《北大法律评论》2010年第11卷第2辑，第672—678页。

则是国际统一战线的建立和不断调整。

在《共同纲领》时期，凡是与国民党反动派断交并对新中国友好的，都是我们的朋友。到"五四宪法"时，已经建立了与苏联的联盟关系以及与其他人民民主国家牢不可破的友谊。"七五宪法"和"七八宪法"时期，则试图建立无产阶级国际统一战线，对外输出革命。"八二宪法"则强调与世界各国人民普遍的和密切的联系，强调中国与世界的密不可分。因此，中国宪法的基础并非美国宪法意义上的"我们人民"，而是敌友之分。中国人民是内在于并依赖于"敌友之分"的，世界人民也是在"敌友之分"中被界定的。毛泽东曾说："人民这个概念在不同的国家和各个国家的不同的历史时期，有着不同的内容。"[1] 谁是我们的朋友取决于谁是我们的敌人。

国内与国际上的敌友之分并不是孤立的，而是内在统一的，两者之间统一的基础，则是人民。何谓人民？古今中西都是一个模糊不清的问题。[2] 在中国宪法的叙事中，人民是那些被压迫者、被奴役者，同时人民也是历史的创造者，更是一切权力的所有者。[3] 当然，人民不仅仅是一个内政上的概念，

---

1 毛泽东：《关于正确处理人民内部矛盾的问题》，载《毛泽东选集》第5卷，人民出版社1977年版，第364页。
2 参见［美］包华石《"人民"意象变迁考》，傅一民、孟晖译，载李陀、陈燕谷主编《视界》第8辑，河北教育出版社2002年版，第2—21页；许章润《什么是人民》，载《政体与文明》，法律出版社2016年版，第229—279页。
3 "八二宪法"第二条规定："中华人民共和国的一切权力属于人民"。

也是一个普遍性的阶级概念,通常被理解为无产阶级和受压迫的人,因此外交条款反复申说,要团结全世界爱好和平的人民,要联合受压迫的人民。正是作为普遍阶级的无产阶级和被压迫的人,也就是具有普遍性的人民,贯穿了国内外的敌友之分。如以赛亚·伯林所言:"社会主义者相信,阶级的团结、被剥削者四海一家的感情,以及将会从革命中诞生的一个正义与理性社会的前景,会提供这种不可缺少的社会粘合剂","阶级的自由结合将为了全人类的利益而驾驭(族群团结的)自然的力量"。[1] 因此,真正的对抗不是中国与世界的对抗,而是一切人民与一切压迫者之间的对抗,宪法(尤其是"七五宪法"和"七八宪法")序言中外交条款展现了中国的革命外交哲学,充满了对抗性的世界主义精神。

新的宪法观与世界主义

宪法序言中的外交条款有一个很特殊的地方,即自始至终都充满了对持久和平与某种普遍性的追求,当然这种追求是建立在敌我之分的基础之上的。为了追求人类的持久和平和无产阶级的彻底解放,必须进行世界范围内的持久的敌我斗争。敌我之分指向的是无产阶级的普遍性,敌我斗争指向

---

[1] [英]以赛亚·伯林:《反潮流:观念史论文集》,冯克利译,译林出版社2002年版,第411、405页。有关马克思主义传统中阶级与民族关系的讨论,参见 Graham Day and Andrew Thompson eds. *Theorizing Nationalism*, Palgrave Macmillan, 2004, p.18–40.

的是持久和平。但是，这种将普遍性建立在普遍阶级之上的持久和平的追求，实际上意味着持久的对立和战争，只要无产阶级没有彻底解放，只要乌托邦尚未彻底出现，对立和斗争就会持续下去；而为了维持住这个建立在敌我之分与敌我斗争之上的国际秩序，只有不停地制造敌人，不停地制造敌我关系。不过这样一种叙事在"八二宪法"序言中出现了话语转化的迹象，并随着"八二宪法"实践孕育出一种新的宪法观与世界主义。

"八二宪法"序言中的外交条款一开始就强调："中国革命和建设的成就是同世界人民的支持分不开的。中国的前途是同世界的前途紧密地联系在一起的。"也就是说，无论中国过去的成就还是未来的前途，都意味着中国深深地嵌入世界体系之中，虽然反帝、反殖、反霸仍被坚持，但最终的目标是"维护世界和平和促进人类进步"。邓小平有关"和平和发展是当今世界的两大主题"的论断，[1]正是此种新宪法精神的最好概括，一直在实践中指导着中国新的世界秩序构想和对外关系。此外，"八二宪法"的四个修正案，重新理解和界定何谓"人民共和国"，将市民社会从国家中释放出来，依法治国、私产保护和人权条款相继入宪，逐步发展出一种消除敌友之分从而重新建立普遍性的新宪法观，从阶级的普

---

[1] 1985年邓小平在会见日本商工会议所访华团时谈到，"现在世界上真正大的问题，带全球性的战略问题，一个是和平问题，一个是经济问题或者说发展问题"。参见《邓小平文选》第3卷，人民出版社2001年版，第104—106页。

遍性迈向法权的普遍性。[1] 当然，这样一种新宪法观也预示着一种新世界主义的孕育，这种新世界主义的核心同样是破除国际秩序中的敌友之分，重建中国与世界的普遍性关系，从革命的永久和平走向法权的永久和平。

提到永久和平，自然不得不想到康德，康德在他的政治哲学中，同样表述了国家观与世界主义的相互构造这个问题。在《世界公民观点之下的普遍历史观念》一文的"命题七"中，康德论断"建立一部完美的公民宪法这个问题，有赖于国家合法的对外关系这个问题，并且缺少了后者前一个问题就不可能得到解决"。在"命题八"中论断完美的国家宪法既是对内的，也是对外的。[2] 而在《永久和平论》中康德论断了各国走向永久和平的三项正式条款，即"每个国家的公民体制都应该是共和制""国际权利应该以自由国家的联盟制度为基础""世界公民权利将限于以普遍的友好为其条件"。[3] 在这两个论述中，"公民宪法"与"共和制"是可以等同起来使用，因此在康德看来，内政即外交，外交即内政，将两者贯通起来的则是共和体制。[4]

---

1 参见周林刚《八二宪法与新宪法观的生成》，《华东政法大学学报》2012 年第 6 期，第 89—95 页。
2 ［德］康德：《世界公民观点之下的普遍历史观念》，载《历史理性批判文集》，何兆武译，商务印书馆 1990 年版，第 11 页。
3 ［德］康德：《永久和平论》，载《历史理性批判文集》，何兆武译，商务印书馆 1990 年版，第 104—118 页。
4 参见周林刚《作为内政问题的国际秩序——关于康德〈永久和平论〉的若干思考》，载许章润主编《宪法爱国主义》，法律出版社 2010 年，第 351—366 页。

康德的永久和平建立在"自由国家的联盟"之上，而"自由国家的联盟"是以国家主权的独立和平等为基础的，并未预设甚至反对一个高于国家主权的世界共和国的建立。康德的理由是主权国家已经提供了公民权利的保障机制，即公民宪法或共和制，因此主权国家不愿意也没有义务放弃主权来建立更高的世界共和国，同时也没有任何正当的力量能够强制主权国家这样做。"于是取代一个世界共和国这一积极观念的（如果还不是一切都丧失尽净的话），就只能是以一种防止战争的、持久的并且不断扩大的联盟这项消极的代替品来扼制人类的害怕权利与敌对倾向的那种潮流了，尽管是不免有经常爆发战争的危险。"[1] 因此，康德的永久和平论，最终并未通向一个世界政府，而仅仅限于自由共和国的联盟。

那么仅仅依靠上述永久和平的三项正式条款是否就能够确保永久和平呢？进一步来说，永久和平的三项正式条款如何才能建立起来？康德在《永久和平论》的"系论"中又阐述了永久和平的保障机制和秘密条款。康德认为：正是大自然这位伟大的艺术家通过自然的强制，使人类建立起根据自由法则应该建立起来的永久和平。这一自然的机制包括战争的教化作用，语言和宗教的多样性使得人类永远相互区隔而无法完全一统，以及与战争无法共处的商业精神。除了自然

---

[1] ［德］康德：《永久和平论》，载《历史理性批判文集》，何兆武译，商务印书馆1990年版，第114页。

机制的保障之外，永久和平尚有一项秘密的条款，这项秘密条款并非如柏拉图所期待的那样，让统治者成为哲学家或哲学家成为统治者，[1]而是让哲学家"自由地和公开地谈论进行战争和调解和平的普遍准则"。[2]

我们暂且不从哲学上讨论康德上述永久和平是否能够实现，至少就康德身后这两百多年的历史来看，大自然并未能够通过自然机制达致人类的永久和平，商业精神席卷全球，但战争从未终止过。人类一直尝试建立各种永久和平的国际机制，从国际联盟到联合国，再到欧盟这样的区域性尝试。当然，这一非自然的人为建构过程或许在康德看来，正是大自然隐秘教化的结果，但这一努力指向的却不再是"自由国家的联盟"，而是通向超主权国家的世界政府。

从国际法发展的历史来看，二战之前可以称之为条约法秩序，各国通过各种各样双边的和多边的条约建构起复杂的国际法权秩序。这是一个群雄逐鹿的时代，充满各种各样成王败寇的不平等条约，中国由于近代特殊的遭遇通常将其称之为列强秩序。二战之后随着联合国以及各种国际组织的建立，世界进入更具普遍性的国际法秩序时代。国际法秩序并不排斥条约法的存在，甚至在一定程度上以条约法的继续存在作为基础，但与此同时又建立了包括《联合国宪章》《经济、

---

[1] ［古希腊］柏拉图:《理想国》，郭斌和、张竹明译，商务印书馆，第214—215页。
[2] ［德］康德:《永久和平论》，载《历史理性批判文集》，何兆武译，商务印书馆1990年版，第128页。

社会、文化权利国际公约》《公民权利及政治权利国际公约》等一系列超越条约法律关系的普遍法律秩序，以及包括联合国安理会、世界银行、国际贸易组织、海牙国际法院等一系列国际机构。

国际法秩序虽然依旧是不平等的结构，[1]但却是以主权独立和主权平等作为基础的，因此在很多时候无法有效地被主权国家尊奉，以至于国际法学界对国际法是否是法律一直存在争议。[2]因此新世界主义的法律秩序应该进一步超越国际法秩序，迈向更具普遍性与强制力的世界法。[3]

就本文所涉主题而言，未来需要在两个层面上建构世界法秩序：第一个层面是主权国家参与建立的世界联邦或者说世界共和国，今天的欧盟体制提供了区域性的探索，虽然举步维艰，但也有其重大的积极意义。与联合国体制不同的地方是，世界联邦意味着国家主权不再是绝对的，但也并不是试图消灭国家，而是要求国家让渡部分主权，交由世界联邦共同行使；第二个层面是全球公民社会的建立，世界公民权利不再仅限于康德意义上消极的"好客权"，更重要的是哈贝马斯意义上的一个普遍联系与沟通的全球公民社会，一个

---

1 参见［美］杰里·辛普森《大国与法外国家——国际法律秩序中不平等的主权》，朱利江译，北京大学出版社2008年版，第72—103页。

2 最新的讨论参见 Ronald Dworkin, "A New Philosophy for International Law", *Philosophy and Public Affairs*, Vol 41:1, p.1-30.

3 关于世界法的历史传统与现代观念，参见许小亮《世界法与世俗秩序》，清华大学2011年博士学位论文。

世界范围内的政治公共领域，哲学家或者说知识分子将在此发挥重要的建构作用。

再回到"八二宪法"，序言中的外交条款有列强秩序意义上的旧世界主义的残余，也有迈向普遍法权秩序意义上的新世界主义的倾向。随着中国日益深入地融入世界秩序之中，并必定在这个融入过程中重新定义中国与世界及其相互关系，那么对这一过程就不要只有新世界主义的哲学构想，无论是哪一种版本的哲学构想，同时也要关注新世界主义的法权安排，也就是一种新的国际法权秩序问题，其中的核心依然是康德所揭示出来的建立在共和体制之上的永久和平及其法权基础。

康德在论述永久和平的形成机制时，曾谈到如何由点及面地形成自由国家的联盟。"一个强大而开明的民族可以建成一个共和国（它按照自己的本性是必定会倾向于永久和平的），那么这就为旁的国家提供一个联盟结合的中心点，使它们可以和它联合，而且遵照国际权利的观念来保障各个国家的自由状态，并通过更多的这种方式的结合逐渐地不断扩大。"[1] 在新的世界法权秩序的形成过程中，康德的教诲依然适用，世界联邦或共和国的建立，也一定是以一些大国为核心逐步展开并以此为基础的。这既是中国的机遇，更是中国必然要承担的历史使命，是真正意义上的世界历史的中国时刻。

---

[1] ［德］康德：《永久和平论》，载《历史理性批判文集》，何兆武译，商务印书馆1990年版，第113页。

中国政治宪法学通常关注近代中国革命、立宪和建国问题,"探索中国宪制的动力因、质料因、形式因以及目的因……需要在生存主义的基础上重塑中国宪法的规范主义"。[1]但是如果上述所言不虚,那么政治宪法学就需要有此种新世界主义的视角和立场,除中国宪制转型以及其他国家的宪制发生学问题,更需要关注世界法权秩序的重建问题,从而将中国法权秩序的重建与世界法权秩序的重建紧密地结合在一起,其中的核心依然是共和体制问题。[2]因为在康德看来,共和体制必然是趋向于永久和平的:

"大自然迫使人类去加以解决的最大问题,就是建立起一个普遍法治的公民社会。……这个问题既是最困难的问题,同时又是最后才能被人类解决的问题。"[3]

这是中华民族成长为世界历史民族的必由之路和必然使命。

原载《文化纵横》2010年第6期,《二十一世纪》
2012年6月号,《探索与争鸣》2015年第5期

---

[1] 关于中国政治宪法学的问题意识,参见高全喜《政治宪法学论纲》,中央编译出版社2014年版,第6—12页,引文参见第8页。
[2] 高全喜教授对此有初步的思考,参见高全喜《政治宪法学的新世界主义视角》,《探索与争鸣》2015年第5期,第74—78页。
[3] [德]康德:《世界公民观点之下的普遍历史观念》,载《历史理性批判文集》,何兆武译,商务印书馆1990年版,第9页。

图书在版编目(CIP)数据

从《共同纲领》到"八二宪法"/ 翟志勇著. -- 北京：九州出版社，2020.11（2023.3 重印）

ISBN 978-7-5108-7894-7

Ⅰ．①从… Ⅱ．①翟… Ⅲ．①宪法学—研究—中国 Ⅳ．① D921.01

中国版本图书馆 CIP 数据核字 (2020) 第 259591 号

从《共同纲领》到"八二宪法"

作　　者	翟志勇　著
责任编辑	周弘博
出版发行	九州出版社
地　　址	北京市西城区阜外大街甲35号（100037）
发行电话	（010）68992190/3/5/6
网　　址	www.jiuzhoupress.com
电子信箱	jiuzhou@jiuzhoupress.com
印　　刷	北京中科印刷有限公司
开　　本	889毫米×1194毫米　32开
印　　张	7.25
字　　数	121千
版　　次	2021年5月第1版
印　　次	2023年3月第3次印刷
书　　号	ISBN 978-7-5108-7894-7
定　　价	58.00元

★ 版权所有　侵权必究 ★